Jürgen Ludwig

Weißde noch?

Treffen – um zweie auf
der „Rennbahn" ...
... und sonnabends war Badetag

**Mitten aus'm Arnstädter DDR-Alltag
Geschichten und Episoden**

Ich möchte danken

Was wären meine Fotos und Erinnerungen ohne die meiner Gesprächspartner? So ist es mir ein Bedürfnis, mich bei all denen zu bedanken, die mich bei meiner Grübelei über unser Arnstadt unterstützt haben. Manche öffneten mir ihr Privatarchiv, andere ihre Fotosammlung und manch einer vertraute mir sogar an, was gut in mir verwahrt bleibt, aber zu wertvollen Erkenntnissen geführt hat.
Und wen nenne ich zuerst? Ich entscheide mich für das Alphabet. Meinen besonderen Dank richte ich an:
Geschwister G. und H. Böttner, Familie K. Dani, Herrn H. Dietze, Frau S. Greßler, Frau L. Herda, Bäckermeister H. Fischer, Frau J. Heyder, Familie H. Jacobi, Herrn Th. Mann, Frau M. Meinshausen, Herrn R. Pahl, Frau A. Sturm, Herrn M. Straszim, Frau I. Uting, die Fleischermeister Vogt und Wickler, Herrn M. Wendl.
Dankbar erinnere ich mich an die Unterstützung durch das Stadt- und Kreisarchiv Arnstadt, namentlich in der Person von Frau A. Kirchschlager. Dank auch denen, die nicht einzeln erwähnt werden können, aber in Gesprächen so manchen Hinweis gegeben haben.

Quellennachweis
Fotos: Jürgen Ludwig (60), Arnstädter Stadt- und Kreisarchiv (1), aus Archiven der Gesprächspartner Andreß / Sturm (4), Böttner (7), Fischer (3), Herda (2), Heyder (2), M. Meinshausen (6), Straszim (7), Unger (1), I. Uting (5), Wendl (2), C.Werner (1), H. Greßler (6), R. Pahl (4), R. Schmoock (2), P. Stadermann (1), M. Straszim (7), Herkules Verlag (3), E. Huber (1).
Bei einzelnen Bildern aus Archiven konnten die Urhebern leider nicht ermittelt werden.

Chronik aus Arnstadt-Lexikon 2003, Herausgeber A. Kirchschlager, U. Lappe und P. Unger, erschienen im Verlag Kirchschlager, Arnstadt,

Stadt- und Kreisarchiv Arnstadt.

INHALTSVERZEICHNIS

VORWORT

Dialog: „Ich weiß auch nicht, geht es dir auch so? Die Zeit eilt immer schneller dahin."

„Ja, ich finde das auch und was das Schlimmste ist, an manches kann man sich schon kaum noch erinnern."

„Recht hasde! Dann kommt's einem aber auch mal vor, als wär's erst gestern gewesen."

„Weißde noch …?"
So hörte ich kürzlich zwei Arnstädter am Rande des Marktgeschehens.

Für mich gab das Gespräch Anlass, mal eine Pause einzulegen, mich dem Alltagstreiben etwas zu entziehen, einen Blick in den „Rückspiegel" zu wagen. Dazu habe ich mich mit vielen Menschen unterhalten. Gemeinsam ist uns aufgefallen, dass manches nicht nur in der hintersten Ecke abgespeichert ist. Ganze Gebäude, zwischen 1950 und 1990 erst errichtet, sind schon verschwunden. Die Zeit ist reif, etwas gegen das Vergessen zu tun.

Ein solcher Versuch ist dieses Büchlein – nicht mehr. Es kann und will keinen Anspruch auf Vollständigkeit anmelden. Vielmehr möchte es Ihnen Denkanstöße geben. Blicken Sie doch auch einmal in den „Rückspiegel". Laden Sie dazu einen Ihnen nahestehenden Menschen ein, vielleicht Ihre Enkel oder Menschen, die unsere Zeit zwischen 1945 und 1990, aus welchen Gründen auch immer, nicht miterlebt haben. Sicher fördert dies auch Verständnis.

Bewusst ist das Ihnen vorliegende Ergebnis meiner Überlegungen keine Chronik geworden. Ich möchte nicht nüchtern Fakten aneinanderreihen, sondern mit Ihnen „plaudern". Dazu braucht man Zeit und Platz. Der ist auf rund 90 Seiten nur begrenzt gegeben.

Noch eine Ursache dafür, dass so manche Leserin/mancher Leser meinen kann: „Da war aber doch noch mehr." Recht so, vielleicht ist das, was vor Ihnen liegt, ja nur der Anfang an ein Zurückdenken an eine Zeit, an der manches nicht zu beschönigen ist (wie sicher auch heute wieder, ohne die Zeiten vergleichen zu wollen), aber in der auch nicht alles schlecht war. Die aneinandergereihten Jahrzehnte sind ein Menschenleben, wir sollten uns dazu bekennen, wir sind damit verbunden, können es nicht abstreifen wie eine Haut – selbst wenn wir es wollten.

Viel Spaß beim Lesen und schön wäre es, wenn Sie angesteckt werden von der Frage „Weißde noch?"

ZWISCHEN NIEDERGANG UND NEUBEGINN

WEISSE TÜCHER STATT HAKENKREUZFAHNEN

Mehrere Einzelpersonen haben sich bei Kriegsende bemüht, Schlimmstes für Arnstadt zu vermeiden. Trotzdem, der Erfolg, eine kampflose Übergabe des damals 1241 Jahre alten Städtchens am Nordrand des Thüringer Waldes, blieb versagt. Ehe der weit aus der Westfront herausragende Keil des amerikanischen Vormarschs Arnstadt am frühen Nachmittag des 10. April 1945 das ersehnte Schweigen der Waffen brachte, zogen die Einwohner der Stadt nochmals in die Keller, versteckten sich, mit ihnen die Angst.

Zuvor hatte es ein zwar sinnloses, letztes, unmissverständliches Signal der Kampfbereitschaft gegeben, ausgesprochen von einem jungen deutschen Stadtkommandanten. Den heranrückenden Amerikanern präsentierte sich der Ort zu diesem Zeitpunkt wie auf einem Tablett. Von nahezu drei Seiten im Griff, war es ein Leichtes, entsprechend zu reagieren. So begann an dem von Frühlingssonne überstrahlten Vormittag erneut der Beschuss aus Panzern und Artillerie. Weitere sinnlose Opfer waren die Folge, unter ihnen Kinder. Der Widerstand der seit Tagen zurückweichenden deutschen Wehrmacht war eher symbolisch. So blieben die schlimmsten Drohungen der Amerikaner aus. Die heranbefohlenen Bomber luden ihre tödliche Fracht woanders ab.

Dann ging alles ganz schnell, an den Fenstern hingen statt der üblichen Hakenkreuzfahnen weiße Tücher. Fast ebenso rasch wechselten einige Einwohner ihre Gesinnung. Bisherige Amtsträger und Wortführer verschwanden, einzelne Bürger stellten sich der neuen Macht zur Verfügung. Wieder andere baten ganz einfach um Nachsicht. Diese zu gewähren, fiel den eingerückten Soldaten nicht leicht, angesichts der grauenhaften Gegebenheiten, die sie in einem nahen Außenlager des KZ Buchenwald vorgefunden hatten. Auf dem Gelände einer der letzten großen Baustellen des Deutschen Reichs fanden sie neben Interessantem vor allem Spuren blanker Menschenverachtung. Als in einem weiteren Lager in Stadtnähe ein Massengrab entdeckt wurde, gab der US-Stadtkommandant einen unmissverständlichen Befehl. Von den Einwohnern der Stadt unbemerkt, wurde der Bürgermeister aufgefordert, bis zum Montag, 14. Mai 1945, 8.00 Uhr, 133 Särge bereitzustellen. Arnstädter wurden angewiesen, sich am Morgen 5.45 Uhr vor dem Rathaus einzufinden, ausgerüstet mit Schaufeln, Spaten, Hacken und etwas Proviant. Ihre Aufgabe: Die in einem Massengrab oberflächlich verscharrten Opfer bergen. Nun mussten Arnstädter, die von allem nichts wussten oder wissen wollten, in vorgegebener Zeit Einzelgräber ausheben, die geschundenen Leichen bergen und bestatten. Es boten sich Bilder des Grauens.

Arnstadt wurde umkämpft, schwerste Zerstörungen blieben aus. Foto: ein unbekannter US-Soldat (Archiv Werner)

In den ersten Tagen nach dem Einmarsch der Truppen gab es strenge Festlegungen für die Zeit, in der sich Zivilpersonen auf Straßen und Plätzen aufhalten durften – zunächst nur in der Zeit von 8–10 und von 16–18 Uhr. Bald erfolgten schrittweise Lockerungen. Ab 15. April galt die Ausgangszeit bereits bis 19.00 Uhr.
Die in Arnstadt in Lagern lebenden, meist verschleppten ausländischen Arbeitskräfte, atmeten auf, begannen sich auf ihre Heimkehr vorzubereiten.

Spezialeinheiten der US-Armee interessierten sich zeitgleich für die militärisch und technisch interessanten Dinge, die sie zu finden hofften. Und sie wurden fündig, vor allem bei Siemens, in den Mitteldeutschen Werken und in einem zur Waffenschmiede mutierten früheren Werk für Chemieanlagen, aber auch in kleineren Laboratorien und Forschungseinrichtungen und diversen Verstecken. Viel Zeit blieb nicht.

„AMIS" GINGEN, „RUSSEN" KAMEN

Ende Juni/Anfang Juli bestätigte sich, was lange zuvor zwischen den Alliierten vereinbart worden war. Die Amerikaner gingen, die sowjetische Armee rückte ein. Mit den die Stadt verlassenden Truppen traten Sachgüter, Unterlagen, wegen waffentechnischer Entwicklungen in den Raum Arnstadt verschlagene Wissenschaftler, Gefangene sowie Verwundete aus den im Krieg zu Lazaretten umfunktionierten Schulen die Reise nach Westen an. Ihnen schlossen sich Menschen an, die unter keinen Umständen bei den Russen leben wollten. Auch die für kurze

Zeit eingesetzte Bürgermeisterin zog es vor, ihre Koffer zu packen.

Die, die blieben, mussten trotzdem zusammenrücken. Wie die alte, beanspruchte auch die neue Besatzungsmacht nicht nur einzelne Häuser, sondern ganze Straßenzüge. Zudem kamen immer mehr Flüchtlinge, Umsiedler, Vertriebene oder Neubürger, wie man sie später nannte. Arnstadt platzte aus allen Nähten und erreichte ungewollt die bis dato wohl größte Einwohnerzahl.

Zerbombtes Wohnhaus im Bahnhofsviertel (Stadt- u. Kreisarchiv Arnstadt)

Einige derer, die in möblierte Wohnungen einzogen, waren sowjetische Demontageingenieure. Jetzt begann die zweite Suche nach Brauchbarem. Anderes, wie beispielsweise viele Bauten der Polte 1 am nördlichen Stadtrand, wurde nach dem Entnehmen alles Verwertbaren entsprechend den Vereinbarungen der Siegermächte von Potsdam gesprengt.

Auf den Straßen waren vor allem Frauen mit ihren Kindern auf Besorgungstour unterwegs, hier auf dem Holzmarkt. Das Schaufenster der Bäckerei hat Notverglasung. Die große Scheibe war beim Beschuss zerborsten (Fischer)

Doch nicht nur Niedergang, auch Auferstehen prägte die Zeit. Zusätzlich erschwerend waren die außergewöhnlich strengen Winter 1945/46 und 1946/47. Die in den Nachkriegsjahren stärker als heute vertretenen Fleischer, Bäcker und Lebensmittelhändler sowie Gastronomen bemühten sich, mit dem Wichtigsten zu versorgen. In einer im September 1949 angefertigten Aufstellung der Stadtverwaltung (vgl. Stadt- und Kreisarchiv Az 008 08) wurden 187 Lebensmittel- und 93 gewerbliche Geschäfte genannt. Dass es bei allen gleich viel, nämlich oft fast nichts gegeben hat, ist ein anderes Thema. Schon das Bemühen machte Hoffnung.

Auch in Wirtschaftsbetrieben wurde sich unter diversen Schwierigkeiten um ein Ingangbringen friedlicher Fertigung bemüht. Dafür ein Beispiel aus einem ehemaligen Rüstungsbetrieb im Westen der Stadt, auf dessen Gelände sich heute Garagen und Kleingärten befinden. In einem Brief an den Bürgermeister wird mitgeteilt:

„Da in der nächsten Woche mit der Anlieferung einer größeren Anzahl landwirtschaftlicher Maschinen und Traktoren gerechnet werden muss, bitten wir höflichst, bei der in Frage kommenden sowjetischen Dienststelle die Erlaubnis zu erwirken, dass die in Halle 4 stehenden Flugzeugteile in Halle 5 überführt werden können. Der Platz in Halle 4, die in Verbindung mit der mechan. Werkstatt steht, wird für die zu reparierenden landwirtschaftl. Maschinen und Traktoren unbedingt benötigt.“

Der Inhalt mancher Anzeigen konnte ganz unterschiedliche Reaktionen hervorrufen („Thüringer Volk“, Dezember 1949)

Unter Bezugnahme auf Duraluminium für den einstigen Flugzeugbau, ist einem wenige Tage später verfassten Brief zu entnehmen:

„Da wir mit der Reparatur von Landmaschinen bereits begonnen haben und in Kürze mit der Herstellung von landwirtschaftlichen Geräten und einfachen Landmaschinen anlaufen wollen, bitten wir Sie höflichst, bei (…) die Freigabe vorstehender Materialien zu erwirken (…)
Unter anderem beabsichtigen wir bis zu 5000 Stück Sensen (Ersatzkonstruktion) zu fabrizieren; das Sensenblatt ist aus Duraluminium vorgesehen. Hochachtungsvoll! Ehem. Mitteldeutsche Metallwerke Arnstadt i. Thür., Geschäftsführer.“

Im Hintergrund lief beständig die weitere Entwicklung hin zur Spaltung Deutschlands. Eines Tages grinste das Schicksal auch in Arnstadt die Leute an und meinte: Ab heute lebt ihr im Osten, der sich entwickelnden DDR. Was würde die Zeit bringen?

WIR WOLLTEN NICHT ERFRIEREN

HOLZ BESCHAFFEN AM TAMBUCH

An manchen Tagen schien es, als seien die meisten Arnstädter nur mit einem Ziel unterwegs – Holz für den nächsten Winter herbeischaffen. Mussten in den ersten Beschaffungsaktionen zunächst Park- und Straßenbäume daran glauben, waren dann die Wälder im Umland nicht mehr sicher. Der überwiegende Teil der Holzsucher brach in südwestlicher Richtung auf, wählte das Jonastal, den Tambuch. Der Anfahrtsweg war unterschiedlich lang. Viele brachen ganz allein für sich und zu unterschiedlichen Zeiten auf, vor allem aber am frühen Morgen. Mit jeder auf die Wachsenburg-Allee einmündenden Seitenstraße wurden es mehr und es entwickelte sich, wenn auch lückenhaft, eine regelrechte Karawane.

Vom kleinen „Bahnsteigroller" mit eiernden Rädern und ohne Seitenplanken über mittelgroße Handwagen mit stahlbandumspannten Speichenrädern bis hin zu Wagen, vor die man besser ein Pferd oder eine Kuh gespannt hätte, reichte der Fuhrpark. Frauen, Männer, selbst Kinder, Junge und Alte reihten sich ein. So zogen sie dahin. Den kürzesten Weg nahmen in aller Regel die „Bahnsteigroller". Schon nach zwei bis drei Kilometern auf asphaltierter Fahrbahn verschwanden sie seitlich im Wald. Das Ziel der anderen lag hinter vier Brücken, vielen Kurven, vorbei an den Resten der einst geheimen Baustelle. Die Holzaktion selbst begann meist am Rand eines Waldes, den man wegen der Kriegs-Altlasten vielleicht besser gemieden hätte – im Tambuch, unmittelbar am

Truppenübungsplatz. Das bedeutete für viele der Holzsucher etwa zehn Kilometer hin und zehn Kilometer zurück. Die, die schon in der endenden Nacht aufgebrochen waren, sorgten bereits ab 10 Uhr für Gegenverkehr. Je nachdem wie gut man den anderen kannte, gab es ein freundliches „Hallo!". Auch kurze Sätze klangen von Straßenseite zu Straßenseite. Gelegentlich wurde etwas neidvoll gedacht: „Die ham's gut, sind schon auf dem Heimweg. Ich bin spät dran heut'."

Holz beschaffen im Wald war überlebenswichtig

Vor Ort immer das Übliche: Gucken, wo noch etwas zu holen ist und wo man sich nicht mit den anderen ins Gehege kommt. Dann Äste zusammentragen und gleich zu ofengerechten Stücken hacken, die dann in Säcken verschwanden. Ein Stück hin plagten sich Männer mit Baumstocken herum, die ja besonders viel Heizkraft haben sollen.

In der Halbzeit des Schaffens gab es in der Regel eine Pause mit kargem Essen. Bei Getränken wurde streng eingeteilt. Für den Heimweg musste auch etwas bleiben. Männer rauchten meist noch eine „Selbstgedrehte" oder „Organisierte". Man erfuhr Neuigkeiten, darunter auch manches, was sich später nur als Gerücht entpuppte. Nach einer Weile sagte dann immer irgendeiner „Da woll'n mar mal wieder".

In späteren Jahren stießen die Holzsucher nicht selten auf Warnungen

Letzter Akt: Beladen der Wagen. Das schwerste Holz kam nach unten, möglichst auch etwas getarnt, obendrauf die Säcke und das arg geschrumpfte Gepäck mit persönlichen Utensilien, etwas Verbandszeug, man konnte ja nie wissen, was einem so passierte. Axt und Säge wurden meist beim stärkeren Holz versteckt. Nach einer schweißtreibenden Abfahrt auf ausgewaschenem, staub- und steinreichem Weg war das Tal wieder erreicht. Nicht selten ist eine Fuhre umgefallen oder ein Rad gebrochen, mal eine Deichsel schadhaft geworden. Auf der Talstraße gab es großes Aufatmen bei denen, die ohne Schaden angekommen waren. Kleinere Kinder durften nun so manche Fuhre „krönen". Schrittmaß und Geschwindigkeit waren oft im Widerstreit.

FLURSCHÜTZER AM BIERGARTEN

Die Holzsammler waren müde und nicht mehr so schnell wie am Morgen. Die Straße aber, mit ihrem leichten Gefälle, trieb die Räder an.
Das bedeutete nicht, dass die Ladung auch vollständig nach Hause kam. Es gab Tage, an denen Männer mit Armbinden, Flurschützer genannt, und wegen ihrer Amtsmacht gefürchtet, kurz hinter dem Ortseingangsschild per Handzeichen und mit Nachdruck in den Biergarten einer früheren Ausflugsgaststätte einluden.
Kontrolle: Alles was mehr nach Stamm als nach Ast aussah, musste abgeladen werden. Debattieren half wenig. Bei der Wiederausfahrt auf die Straße waren die Fuhren in aller Regel leichter, die Stimmung gedrückt, Gespräche endgültig verstummt – nur das Knirschen der Steinchen unter den stahlbandbereiften Rädern war zu hören. So wie die Kolonne sich am Morgen gebildet hatte, zerfiel sie nun. An jeder Straße verließ mindestens ein Wagen die Hauptstraße.
Doch es kamen neue Tage und mit ihnen wieder Chancen, bei der Holztour dabei zu sein. Längst nicht jeder Tag stand unter einem guten Stern – mal blieb die Ausbeute aus unterschiedlichen Gründen klein, mal verhinderten übende sowjetische Soldaten das Durchstreifen der Wälder oder ein Handwagen ging kaputt. Zu der Zeit hatten die Stellmacher, Schlosser und Schmiede mehr zu tun als Autoreparaturwerkstätten.

ERFINDER ZWISCHEN MEHLSÄCKEN

TRADITIONSBÄCKEREI FISCHER

Die Redewendung, dass Handwerk goldenen Boden habe, muss wohl über Jahrhunderte seine Berechtigung bekommen haben. Gerade in Notzeiten sind manche Gewerke stark gefragt, beispielsweise die Bäcker.
Wie war das in den Jahren des Anfangs und des verwalteten Mangels? Nur einer fällt mir ein, der mir von seinem Alter her eine erschöpfende Antwort geben kann, Bäckermeister Harald Fischer. Er hatte die traditionelle Bäckerei am Holzmarkt von seinem Vater zu einer Zeit übernommen, als man, statt „Guten Tag" zu sagen, am liebsten nur „Hunger" geschrien hätte. Hier, wie in weiteren 28 Bäckereien Arnstadts, wurde 1948 nicht nur Tag für Tag der Wecker, sondern auch die Frage gestellt: Wie gelingt es, mit der mir zur Verfügung stehenden Menge an

Mehl so viel Brot zu backen, dass jeder für seine Marken das bekommt, was er dringend braucht?

Traditionsbäckerei Fischer am Holzmarkt

Nicht nur Mehl sorgte für Sorgenfalten auf der Stirne. Brennmaterial für die Backöfen kann man zwar nicht essen, aber was ist, wenn das nächste Brennmaterial nicht pünktlich vor der Tür liegt? Von den Briketts, die meist benötigt wurden, war ohnehin oft nur zu träumen, doch ohne Hitze kein Backwerk. Im Winter und Frühjahr 1947 war die Situation so angespannt, dass die Bäcker im Wechsel für Tage Mitarbeiter abstellen mussten. In dem noch verschneiten Thüringer Wald galt es, Holz aufzubereiten und in Waggons zu verladen, das dann an die Bäckereien verteilt wurde. Lag es endlich vor dem Laden, war es aber noch nicht backofengerecht ... Später wurde Rohbraunkohle das vorherrschende Heizmaterial und erst ab 1962 gab es wieder Briketts.
Doch lassen wir Bäckermeister Fischer zu Wort kommen:

„Das ‚Ob‘ stand bei der Berufsentscheidung für mich zu keinem Zeitpunkt. Ich folgte einem ungeschriebenen Gesetz, und quasi noch als Schüler, meinem Vater in die Backstube, wollte helfen. Es folgte die Ausbildung, 1955 machte ich meinen Meister und zehn Jahre später habe ich die Bäckerei in eigener Verantwortung übernommen."

Bäckermeister Fischer (r.), unterstützt von seiner Frau Ingeborg (Archiv Fischer)

So weich der Teig auch schien, ihn

zu bereiten war Knochenarbeit. Nun gut, selbstverständlich wurden auch in der DDR Maschinen hergestellt, die diese Arbeit erleichtern konnten. Diese aber gingen vor allem in den Export. Das Land brauchte dringend Devisen für andere Güter. Was für das Inland übrig blieb, reichte kaum für die Großbäckereien.

So zog der Fortschritt mit der Brotwirkmaschine bei Fischers erst in den 1970er-Jahren ein. Lieferant war ein Bäcker aus Jena, der zu diesem Zeitpunkt sein Geschäft aufgegeben hatte.

„Ich hatte bis dahin den ganzen Teig mit der Hand geknetet, nun gab es eine willkommene Erleichterung", so der Bäckermeister: „Schließlich hatte unser Sortiment ab den 1950er-Jahren gut an Umfang zugenommen. Waren es einst nur Brot und Brötchen, kamen zunächst nur Weihnachten, dann an weiteren Feiertagen und schließlich fast tagtäglich Tortenböden, Kuchen und Plätzchen hinzu. Alles erforderte gewissenhafte Kalkulationen und gelegentlich auch Rezeptumstellungen. Das wurde vor allem immer dann notwendig, wenn sich mal wieder ein Mangel auftat. Gelegentlich musste man da schon mal erfinderisch werden."

MIT DEM BLECH AUF DEM KOPF ZUM BÄCKER

Bis in die 1960er-Jahre hatte fast jeder Bäcker seine Stammkundschaft. Das bedeutete, dass der Bäckermeister sich nicht zu fein war, auch die Kuchen der Hausfrauen in seinen Ofen zu schieben. Dank des damals noch dichten Netzes guter Bäckereien war der Weg niemals zu weit. Trotzdem, eine gewisse Zitterpartie war es nur zu oft. Manch einem wird noch das „Pass aber auf, dass nichts herunterläuft! Lauf gerade!" in den

Oft bildete sich schon vor Ladenöffnung eine Schlange, hier bei der Bäckerei Nagel

Ohren liegen, das man von der Mutter oder Oma mit auf den Weg bekam, wenn es mit dem Blech auf dem Kopf zum Bäcker ging.

Unser befand sich ganz in der Nähe – Harry Jacobi in der Ichtershäuser Straße (heute Bäckerei Mann). Meine Hürde war der Hauseingang, hintenherum in die Backstube. War bis dahin alles gutgegangen, begann das Zittern an der Haustür: Blech nur mit einer Hand halten, Tür öffnen, Achtung Stufe, dann noch einmal zwei Stufen hinab, noch eine Tür. Geschafft! Bäckermeister Jacobi, entweder gerade an einem der Regale ordnend, mit einem Behältnis auf dem Arbeitstisch oder mit einem langen Schieber an der Ofenklappe beschäftigt, drehte sich um: „Na, gut angekommen?"

Vom wohligen Duft umnebelt und wegen des eigenen Erfolgs überglücklich, antwortete ich „Ja" und übergab die vor Tagen erworbene Backmarke. War der Guss für den Kuchen besonders flüssig, reichte ich noch einen Topf – den Inhalt brachte der Meister höchstpersönlich auf.

Bei der Hausbäckerei wurde wohl mancher Bäcker von einem Hauch Eifersucht befallen. In dem, was er entgegennahm, waren nicht selten Zutaten, von denen er nur träumen konnte: Rosinen, Mandeln, Zitronat aus „Westpäckchen" und mitunter sogar Schokoladenguss.

Bäckermeister Fischer erinnert sich:
„Nach dem Krieg wurde eine Einkaufs- und Liefergenossenschaft geschaffen, die versorgte uns so, wie sie nun mal in der Lage war, egal was das betraf. Aber im Lauf der Jahre hat sich doch so manches verbessert, auch unsere Zuteilungen, wir konnten immer bessere Dinge anbieten. Zudem veränderte sich die Ausstattung der Haushalte und von der im kleineren Umfang verbliebenen Hausbäckerei bekamen wir kaum noch etwas mit."

Anderes bekamen die Bäcker schon mit, vor allem immer dann, wenn es neue Gesetze, Durchführungsbestimmungen und die sich dabei einschleichenden Auslegungsmöglichkeiten gab.
1960 z. B. beschloss der Rat des Bezirkes ein Backwarenprogramm. Es sah vor, in Arnstadt, Eisenach und Weimar volkseigene Backwarenbetriebe aufzubauen. 1962 nahm ein solcher Betrieb in Arnstadt seine Produktion auf. Das Bäckerhandwerk hatte trotzdem weiter gut zu tun und zur Bildung einer Produktionsgenossenschaft der Bäcker kam es nie.

FLANIERMEILE UND PARADESTRECKE

VOM KIOSK BIS ZUM VEB-BLEIKRISTALL-INDUSTRIELADEN

Jede Stadt hat eine bevorzugte Geschäftsstraße und Flaniermeile. Was den Berlinern die Friedrichstraße oder der Kudamm, ist den Arnstädtern die Bahnhofstraße mit der Verlängerung zur Erfurter Straße. Zugegeben, Vergleiche hinken. Die Bahnhofstraße ist weder großstädtisch noch architektonisch sehr beeindruckend, aber geschichtsträchtig ist sie schon. Sie wechselte ihren Namen und veränderte ihr Aussehen. Über Jahrzehnte war sie Teil der Fernverkehrsstraße 4. Von Erfurt, nein, eigentlich von Hamburg kommend, führte diese seit Generationen weiter über den Thüringer Wald bis nach Süddeutschland. Anfang Juli 1945 rückten über diese Straße die Russen in die Stadt ein.

Nur mühsam entwickelte sich diese Straße zusammen mit der Erfurter Straße wieder zu dem, was sie vor dem Zweiten Weltkrieg gewesen ist, zur Hauptgeschäftsstraße. In munterer Folge reihte sich stadteinwärts rechts Geschäft an Geschäft: Bäckereien und Fleischereien, ein Spezialladen für Spirituosen und Tabakwaren, Blumen-Hartleb, ein Friseursalon. Bei „Schwabrow", später Konsum, konnte man sich mit Molkereiprodukten versorgen, an anderer Stelle war Schmuck zu kaufen, ein Stück hin wurden Textilwaren angeboten. Schon beinahe zum

Schrittweise wurden die wichtigsten Kreuzungen der Stadt dem wachsenden Verkehr angepasst, als Erstes erfolgte dies im Bereich Bahnhofstraße / Dammweg / Wachsenburg-Allee (Archiv M. Meinshausen)

Ende der DDR öffnete ein Industrieladen des VEB Bleikristall und wurde zum Hingucker. Am alten Friedhof präsentierte sich der Postzeitungsvertrieb mit einem Kiosk. Die freundliche, in schlichtem Postgrau uniformierte Dame war beliebt und manches Angebot recht begehrt: „Magazin", „Eulenspiegel", „Sybille", „Guter Rat", „Schöner Wohnen", „Mosaik" ... Mitunter bekam man das erfragte Produkt eingepackt in eine andere Zeitung, die man selbstverständlich gerne mitkaufte, wenn man nur ... Dann wieder kam nach der Frage „Ham' Se noch ..." ein bedauerndes Kopfschütteln.

Blick in die Molkerei-Verkaufsstelle des Konsums, ehemals Schwabrow

Unter den Arkaden wechselten, verbunden mit der Entwicklung, die Geschäfte besonders oft. Mehrere wurden baulich vereint, bekamen neue Sortimente: Obst und Gemüse, Lebensmittel, Drogerieartikel, eine der ersten Kaufhallen ...

Nicht so dicht mit Geschäften bestückt war die Ostseite der Straße. Hier residierten Arztpraxen, die DRK-Rettungsleitstelle hatte ihren Platz und eine Autoreparaturwerkstatt, die speziell in Sachen Autoelektrik weiterhelfen konnte. An der engsten Stelle der Straße war über viele Jahre die Reparaturwerkstatt „Kuhn" für Rundfunkgeräte. Der zunehmend schlechter werdende bauliche Zustand und der dichter gewordene Straßenverkehr hatten zur Konsequenz, dass dieses Gebäude abgerissen wurde. Erhalten blieben stadteinwärts eine Reihe kleinere Geschäfte, Dienstleistungsanbieter, von der Fahrschule über ein Modelleisenbahngeschäft, ein Reformhaus bis hin zu einer späteren Zoohandlung.

Bis zum Ausbau der Kreuzung Straße der Jungen Pioniere (Ritterstraße) / Erfurter Straße / An der Weiße und Bahnhofstraße gab es das Fachgeschäft Vogelsberg für Lampen und elektrische Haushaltsgeräte (Sammlung R. Pahl)

Doch nicht nur eingekauft wurde in dieser Straße, hier kam es zu Begegnungen. Hier wurden weit vor Handy und Internet Bekanntschaften geschlossen, Kontakte gepflegt.

MORGEN – UM ZWEIE AUF DER „RENNBAHN"

Unter den Heranwachsenden gab es für diese Straße auch den Begriff „Rennbahn". Nicht selten verabredete man sich für Sonnabend, Sonntag oder einen Sommerabend etwa so: „Na, dann bis morgen auf der Rennbahn, so gegen zweie." Dann „rannte" man mehr oder weniger „herausgeputzt" die Straße mal hoch, mal runter, mitunter auch mehrmals. Meist hatte man sich rasch gefunden.

Dem Erfolgreichen taten sich diverse Chancen auf: Erst mal in der Eisdiele Knabe den Kontakt vertiefen oder weitere Vorhaben besprechen. Dann ging es, je nach Begleitung und Interessenslage in den nahen Stadtpark oder ins Kino. Gleich am Anfang der Bahnhofstraße befand sich das Filmtheater Merkur.

Vorführungen ganz anderer Art gab es, der zunehmenden Zahl von LKWs, PKWs, Mopeds und Fahrrädern geschuldet, auf der Kreuzung mit Wachsenburg-Allee und Dammweg. Oft ging zu den Hauptverkehrszeiten nichts mehr.

Eines Tages hieß es:

„Has'de das schon mal gesehen? Da steht jetzt e Regulierungsposten dar

Polizei. Du globst nich, wie der das im Griff hat. Staunst nur, musste gesenn ham."

Immer mehr Leute müssen diesen Tipp bekommen haben. Die Begeisterung war so groß, dass manch einer vergessen hatte, über die Kreuzung zu gehen, ließ Gelegenheit für Gelegenheit vergehen und schaute gebannt auf den Verkehrsposten. Mit zackigen Bewegungen, eleganten Handbewegungen und stark wirbelnden, dann wieder gebieterisch in eine Richtung weisendem schwarz-weißem Stab, bestimmte er, wo es lang geht. Dann erfuhr der interessierte Zuschauer, das sei der König von der Volkspolizei. Der hieß wirklich so und war sogar schon Sieger bei republikweiten Ausscheiden der Regulierungsposten geworden.

NEUE AUFMARSCHSTRASSE MUSSTE HER

Eines Tages wurde zwischen SED-Kreisleitung und Stadtverwaltung die Entscheidung getroffen: Arnstadt braucht eine Straße, auf der in würdiger Form die „Maiparade" veranstaltet werden kann. Die Wachsenburg-Allee, bislang „1. Mai-Aufmarschstraße", schien nicht mehr zu genügen. Eine Bedingung sollte die Straße erfüllen – eine lange Gerade muss sie haben. Diesen Kriterien konnte nur die Bahnhofstraße entsprechen. Planer meinten, so könne man auch dem steigenden Kraftfahrzeugverkehr entgegenkommen. Dazu sollte die Fahrbahn verbreitert werden.

Nur die Bäume müssten weg – und so fielen sie, die Linden, nicht unbedingt zur Freude der Anwohner und der Freunde intakten Stadtgrüns. Um den kritischen Stimmen etwas entgegenzusetzen und die nun recht kahle Flaniermeile „aufzuhübschen", wurden Blumenkübel aus Beton aufgestellt. Manche waren sogar so dimensioniert, dass ein Mini-Anstandsbaum darin Platz finden konnte.

Bahnhofstraße während der Baumfällarbeiten

Über eine moderne breite Fahrbahn mit Bitumendecke rollte von nun der Verkehr in die Stadt und über Jahre wurde auf dem sich östlich anschließenden Bürgersteig der Bahnhofstraße in den letzten Apriltagen die Tribüne für die Vertreter der Partei- und Staatsführung des Landkreises aufgebaut, genug Platz bietend, auch für Führungspersonal der Blockparteien und Gäste. Angeführt von den Kampfgruppen und weiteren den Staat sichernden

Kräften, zogen am 1. Mai in Demonstrationszügen die Werktätigen der Arnstädter Großbetriebe, Abordnungen aus Schulen, Einrichtungen, Bauern und viele mehr vorüber – Fahnen und Transparente tragend, Winkelemente schwingend, begleitet von lauten Lautsprecherdurchsagen. Verkündet wurden Erfolge und Verpflichtungen.

Am 2. Mai kehrte der Alltag zurück.

Maidemonstration 1979

Edith Weingart, 1. Sekretärin der Kreisleitung der SED (M.) auf der Tribüne

Einer der Tiefpunkte der Geschichte dieser Straße ist der Polizeieinsatz vom 7. Oktober 1989 gewesen, der sich gegen einen längst in Auflösung befindlichen Demonstrationszug richtete, dessen Teilnehmer sich auf den Weg gemacht hatten, um Veränderungen in der DDR einzufordern.

MIT DEM KULISSENWAGEN NACH BERLIN

SIEGFRIED UNGER – KLEINES FUHRUNTERNEHMEN AUFGEBAUT

Mit dem Ziel, etwas über Partner für den Transport von Gütern zu erfahren, fallen einem in den Jahren des Anfangs nach 1945 beim Blick in das Adressbuch der Stadt neben der Deutschen Reichsbahn zwei Speditionsfirmen sowie Händler mit dazugehörigem Fuhrunternehmen auf. Meist handelten diese in den Nachkriegswintern mit besonders stark gefragten Dingen – gegen Karten abgegebener Kohlen und zugeteiltem Holz. Weitere Dienstleister in Sachen Transport ließen unschwer erkennen, dass sie aus landwirtschaftlichen Betrieben hervorgegangen waren. Einen solchen wollte ich bitten, sich mit mir zu erinnern. Ich fragte Siegfried Unger: „Weißt du noch?"

Noch im Januar 1945 eingezogen, hatte er Glück und kam unverletzt und bereits wenige Monate nach Kriegsende in sein Elternhaus zurück.

Achtzehnjährig, steckte der Heimkehrer voller Ideen, wollte seinem Vater, der Landwirtschaft betrieben und Fuhr-Dienstleistungen angeboten hatte, eine gute Stütze sein. Der Start erfolgte mit einem auf seinen Namen zugelassenen Traktor. Bald schon war dieser beinahe das Einzige, was der Familie blieb. Der Vater wurde von der russischen Besatzungsmacht abgeholt und das Unternehmen enteignet. Die landwirtschaftlichen Flächen wechselten: Zunächst kam die Bodenreform und später wurde sie teils Bauland. Das Inventar unterlag bis auf wenige personengebundene Möbel der Beschlagnahme. Nur noch einen dringend benötigten Anhänger konnte Siegfried Unger mit viel Mühe zurückbekommen. Warten konnte der Heimkehrer nicht, ein Broterwerb musste geschaffen werden und er erinnert sich: „Ich baute ein kleines Fuhrunternehmen auf."

Er wurde Partner der „Städtischen Fahrbereitschaft". Den bescheidenen Fuhrpark baute er auf dem Grundstück seiner Großeltern auf. Beinahe jeder Tag wurde zum technischen Abenteuer. Immer wieder gab es Pannen. Hilfe kam in aller Regel nur von einem selbst, Ideen waren gefragt. Es hat sich erwiesen, Not machte tatsächlich erfinderisch, wenn es darum ging, den Traktor fahrbereit zu halten. Schließlich gab es täglich viel zu tun und Stillstand schadete allen.

Ein schon nicht mehr ganz junger „Deutz" wurde fit gemacht. Oft fehlte es an Ersatzteilen. Treibstoff gab es auf Zuteilung (Archiv S. Unger)

„Zunächst transportierte ich vor allem Holz, z. B. für den Holzhof der Stadt Arnstadt in der Kohlgasse. Besonders groß waren die Herausforderungen in der Borkenkäfer-Aktion. Meine Abfuhrstelle war meist der Steingraben bei Gehlberg. So wie nach und nach eine leichte Normalisierung spürbar wurde, nahm die Vielseitigkeit meiner Transportaufträge zu. Nun kamen Baustoffe, Erzeugnisse der Ziegelei Dosdorf, Schotter aus Frankenhain und Kies aus der Greßlerschen Kiesgrube. Sogar Stammholz für das Möbelwerk Gräfenroda karrte ich aus dem Forst herbei", erinnert sich mein Gesprächspartner.

Die zwischen Arnstadt und Ichtershausen gelegene Greßlersche Kiesgrube war ein häufiges Ziel (Foto H. Greßler)

Schmunzelnd und mit leuchtenden Augen berichtete Siegfried Unger:
„Eines Tages hatte ich ein besonderes Abenteuer. Bei der Fahrbereitschaft stand die Frage: Wer transportiert einen im Fahrzeugbau Renger gefertigten Kulissenwagen für die Komische Oper nach Berlin? Ein Bahntransport war nicht möglich. Es blieb nur die Fahrt über die Autobahn. Alle Fuhrunternehmer hüllten sich in Schweigen, sahen keine Möglichkeit. Auch ich wusste, dass das beinahe unmöglich war, bestenfalls ein mit vielen Unwägbarkeiten verbundenes Unterfangen sein würde. Nach vielen Überlegungen sagte ich zu. Ich konnte meinen Cousin für das Abenteuer gewinnen. Mit 15 bis maximal 20 km/h machten wir uns auf den Weg. Der Traktor war offen, hinter uns der Kulissenwagen, groß wie ein Möbelwagen. In das Innere hatte ich etwas Stroh getan, so hatten wir nachts für kurze Zeit ein Quartier. Alles ging gut, am zweiten Tag der Tour kamen wir im zerstörten Berlin an. Bei der Komischen Oper war man begeistert, offenbar auch von der Qualität des Wagens.“

Diese und der Transport aus Arnstadt sprachen sich herum. So wurden später nochmals drei derartige Wagen bei der Firma Renger bestellt. Wieder stand die Frage der Anlieferung. Siegfried Unger hatte ja nun schon Erfahrung, aber drei? – Das waren für eine Tour zwei zu viel.

Mein Gegenüber reist erneut in die Welt der Erinnerungen.
„Schließlich gelang es mir, zwei weitere Fuhrunternehmer für einen Besuch in Berlin zu begeistern. Löffler aus Kirchheim, der sonst nur Milch gefahren hat und Herzer aus Arnstadt, der eigentlich vor allem mit Kohlen zu tun hatte. Zu dritt entschlossen wir uns: Machen wir! Auch diesmal ging alles langsam, aber gut. Wieder war die Freude bei den Empfängern der Wagen groß. Dankbar wurde uns die Möglichkeit gewährt, die Kulissenwagen kurzzeitig als „Hotel" zu nutzen. Unser ganz privates Großstadterlebnis war die Fahrt mit der S-Bahn nach Westberlin. Quasi als Belohnung gönnten wir uns einen Kinobesuch. Am nächsten Tag ging es über die Autobahn wieder zurück. Um Kraftstoff zu sparen, koppelten wir die Traktoren zusammen – wohl ein etwas seltsamer Geleitzug und schon wenige Jahre später undenkbar.“

Als in den 1950er-Jahren verstärkt der Wohnungsbau in Gang gekommen war, hat das Einmannunternehmen Unger auch viele Fuhren für die Arbeiter-Wohnungsbaugenossenschaft AWG übernommen. Zunächst waren es vor allem Erdtransporte.
Inzwischen selbständig geworden, wurde Unger später Kommissionspartner des VEB Kraftverkehr, der sich zu der Zeit noch in Ichtershausen befand.

„1954 baute ich mir mein eigenes Haus. Es war nicht leicht, aber letztlich wurde alles so, wie ich es mir vorstellte", erinnert sich Un-

ger und fährt fort „... von Vorteil war, dass ich mein eigener Fuhr-unternehmer sein konnte."

Offensichtlich hatte er auch eine Art Vorsehung, denn nur drei Jahre später stand für den VEB Kraftverkehr die Frage, sich zu erweitern und umzusiedeln. Bei der Standortwahl fiel die Entscheidung für das Gelände der einstigen Spedition Louis Demme, Ichtershäuser- / Ecke Quenselstraße. Der Vertragspartner saß künftig auf der anderen Straßenseite. Zwischen ihm und den anderen in Kommission des VEB Kraftverkehr fahrenden Unternehmern, manche hatten inzwischen auch Verträge mit Betrieben, wurden die Fahrten so vergeben, dass es in der Erinnerung kaum zu Klagen kam. Ausschlaggebend war die Spezialisierung der einzelnen Fuhrunternehmer auf bestimmte Güter. Kipper eigneten sich nun mal besonders für Schüttgüter und bestimmte Baumaterialien, andere Wagen beförderten besser Stückgüter und wenige hatten spezielle Aufbauten oder Zusatzausrüstungen.

Abschließend resümiert mein Gesprächspartner:
„Ja, und eines Tages war mein Traktor selbst mit diversen Kunstfertigkeiten nicht mehr zu bewegen. Zudem war die Entwicklung vorangekommen und ich konnte meinen bescheidenen Fuhrpark mit einem LKW W 50 auf Vordermann bringen. Mit 20 hatte ich mich selbständig gemacht. Das war ich all die Jahre, bis ich mit 65 für mich entschieden habe, nun warst du genug auf Achse."

Auch der Verkehr mit Bussen kam wieder bescheiden in Gang. Das war vor allem für die Verbindung zwischen den Dörfern und der Kreisstadt wichtig (Archiv Straszim)

SCHULEN WURDEN WIEDER SCHULEN

TISCHE UND STÜHLE REICHTEN NICHT FÜR ALLE

Nur in langsamen Schritten kehrte nach dem Kriegsende das normale Leben zurück, die Schulen bildeten dabei keine Ausnahme. Zeitzeugen wissen von Behelfsunterricht, schlecht oder gar nicht geheizten Schulen, zeitweiligen Schulzusammenlegungen und Unterrichtsausfall. Das erste Lazarett, das wieder seinem eigentlichen Bestimmungszweck zu dienen begann, war die Arnsbergschule, die den Namen der gegen die Nazis und den Krieg aufgestandenen Münchner Studenten Geschwister Scholl bekam.

Geschwister-Scholl-Schule am Arnsberg (Sammlung R. Pahl)

Im Jahr 1949, die DDR ist gerade gegründet, machte, wie so oft in dieser Zeit, ein neues Gerücht die Runde. Die 1892 eröffnete und ab Januar 1940 als Reservelazarett genutzte Mädchenschule an der Ecke Wachsenburg-Allee / Rosenstraße solle ebenfalls wieder Schule werden. Längst hatten sich die Arnstädter daran gewöhnt, dass sie dort nichts zu suchen hatten.

Sowohl die amerikanische als auch die russische Besatzungsmacht nutzten das Bauwerk als Lazarett. Ab Frühjahr 1947 befand sich hier die Militärkommandantur für den Stadt- und Landkreis.

„Du, die Russen lösen ihre Kommandantur auf", ging es von Mund zu Mund. Die Reaktion reichte von Ungläubigkeit bis zu der Bemerkung „Na endlich!". Am 31. Januar 1950 erfolgte die Rückgabe an die Stadtverwaltung Arnstadt.

In den folgenden Monaten wurden für die neue Zweckbestimmung erforderliche Um- und Ausbauten vorgenommen. Einer der schwersten Brocken war die Beseitigung des Eingangsstollens zum Luftschutzraum. Eine komplette Renovierung schloss sich an, schließlich stand die Frage nach den Schulmöbeln. Das alte Inventar war in alle Winde verstreut und wäre zudem kaum noch nutzbar gewesen.

Ein Arnstädter hat dazu besonders gute Sachkenntnis, denn er saß zusammen mit seinen Eltern bereits in jener Schule, noch ehe sie für die ersten Kinder öffnete. – Der Vater hatte eine Anstellung als Hausmeister.

Ein Blick in eine Klasse. – Hier macht Lernen offensichtlich Freude

Sich mit der Geschichte der Stadt beschäftigend, erinnert sich Klaus Dani im Gespräch:

„Die ‚Nationale Front des Demokratischen Deutschland' übernahm die Initiative zur Beschaffung der Geldmittel und der Kapazitäten zur Wiederherrichtung des Schulgebäudes. Zur Wiedereröffnung fehlten noch einige Schulbänke, obwohl alle Restbestände aus den anderen Arnstädter Schulen herangeschafft wurden und die Arnstädter Tischler neue Tische und Stühle angefertigt hatten.

Alle Handwerker und öffentliche Institutionen, die an der Renovierung beteiligt waren, wurden zu Schulbeginn neben den Türen der Klassenzimmer in einem Ährenkranz mit ihrem Namen verewigt."

Organisierte Hilfe kam auch von Brigaden aus dem Fernmeldewerk Arnstadt, die Patenschaften über einzelne Klassen übernommen hatten.

Am 01. September 1950 wurde die Schule als reine Mädchenschule, „Schule der Nationalen Front" genannt, wieder eröffnet. Erster Schuldirektor in den Jahren 1950 bis 1964 war Ernst Stoltze.

SCHULSPEISUNG IM KELLER

Aus besonderem Anlass galt es, „Festkleidung", das FDJ-Hemd zu tragen oder das Halstuch der Pioniere umzubinden

Zum Zeitpunkt der Schuleinweihung war die Notzeit noch überall zu spüren. Tische und Stühle reichten nicht für alle. Stadtverwaltung und Schulamt kamen auf die Idee: Aus den Verwaltungen sind alle verfügbaren Tische heranzuschaffen. „Im Keller des Hauptgebäudes, zwischen den südlichen Eingängen und dem Heizungskeller, wurde in der ehemaligen Lazarett-Großküche ein Raum zur Einnahme der Schulspeisung eingerichtet", erinnert sich Klaus Dani.

Ab Schuljahr 1954/55 wurden an der Schule Mädchen und Jungen unterrichtet.

Neben dem Unterricht gab es die Möglichkeit zur Betätigung in Arbeitsgemeinschaften oder zur Aneignung zusätzlichen Wissens, hier bei einer Unterweisung zum Thema Verkehrssicherheit durch den Volkspolizisten L. König

Auf einer schulisch nicht genutzten Fläche Ecke Rosenstraße/Krappgartenstraße errichtete zudem Anfang der fünfziger Jahre die Handelsorganisation (HO) einen Verkaufskiosk für Waren des täglichen Bedarfs (Konserven, Süßigkeiten, Nahrungsmittel, Tabakwaren). Nach etwa drei Jahren fand diese Übergangslösung ihr Ende.

SCHULE ALS BETRIEBSFERIENLAGER

Für Abwechslung auf und in dem Schulgelände war gut gesorgt. Hier wurden Teile des Festumzugs anlässlich der 1250-Jahr-Feier Arnstadts (20. Juni 1954) zusammengestellt. Etwa ab 1956 war die Schule in den Sommerferien für wechselnde Partner Betriebsferienlager. Von Mitte der 1950er- bis Anfang der 1960er-Jahre dienten der Schulhof und die Turnhalle als Fahrerlager des Radrennens „Rund um den Schönbrunn". Am 7. Mai 1986 wurde die Schule aus Anlass des 90. Geburtstages vom ersten Präsidenten des Nationalrates der Nationalen Front in „Prof. Dr. Dr. Erich-Correns-Oberschule" umbenannt.

Anfang September, alljährlich fein herausgeputzt: Kinder am ersten Schultag

Alleine die Geschichte und Geschichten der Arnstädter Schulen könnten ein eigenes Büchlein füllen. Zu den vorhandenen sieben großen Schulgebäuden kamen mit dem Wachstum der Stadt in den Neubaugebieten fünf weitere hinzu. Gesonderte Bildungseinrichtungen und gelegentliche neue Zweckbestimmungen erweiterten die Vielfalt, ebenso betrieblich organisierte Ausbildungszentren.

JUNGE FLEISCHER ÜBERNEHMEN STAFFELSTAB

FLEISCHER MIT TRADITION

In einem von der sowjetischen Kommandantur angeforderten Bericht der Stadtverwaltung zwecks Verbesserung der Versorgung werden 1945 in Arnstadt 20 Fleischer angegeben. (Stadt-u. Kreisarchiv Arnstadt 008-07)
Fleischermeister Alfred Vogt erinnert sich gut an den Anfang und die weitere Entwicklung. 1904 vom Großvater Fritz Vogt gegründet, hatte dessen Sohn Franz in der Bahnhofstraße eine kleine und bei den Ein-

wohnern sehr beliebte Fleischerei weitergeführt. Im Jahr 1941 musste sie schließen, der Krieg brauchte vor allem Soldaten und der inzwischen zum Meister Herangewachsene wurde eingezogen. Er überlebte unverletzt, kam in amerikanische Gefangenschaft. Als im Herbst 1945 die Entlassung erfolgen sollte, gab es zunächst Irritationen. Der Kriegsgefangene Vogt wollte zu seiner Familie nach Thüringen. Das aber gehörte entsprechend der alliierten Vereinbarungen zur russischen Besatzungszone. Nach dort wurde nicht gerne entlassen. Für Vogt aber gab es kein anderes Ziel. Nach langer Odyssee kam er schließlich am Totensonntag wieder nach Hause. Die ganze Familie, mit ihr der zehnjährige Sohn Alfred, war überglücklich. Oft begleitete er von nun an seinen Vater zum Rathaus. Dort hatte sich der ehemalige Soldat anfangs täglich zu melden. Schließlich kam er aus der amerikanischen Zone und galt automatisch als verdächtig.

Fleischer aber waren knapp, wurden dringend benötigt. Eine der drängendsten Aufgaben war, die Versorgung wieder in Gang zu bringen. Das hörte der Kriegsheimkehrer gern. Dabei wusste er wohl, dass es in dieser Zeit absoluten Mangels nicht leicht werden würde. Noch bevor sich das Jahr 1945 seinem Ende neigte, sprach es sich schnell herum: „Fleischer Vogt eröffnet seinen Laden wieder."

Vermutlich ist bei den oft gemeinsamen Gängen zum Rathaus und beim gelegentlichen Mithelfen besagter Funke vom Vater auf den Sohn übergesprungen. Als dieser 1949 die Schule beendete, gab es keine lange Fragerei oder Suche nach einer Lehrstelle. Einen besseren Lehrmeister als den Vater konnte er sich kaum vorstellen, der Alfred Vogt. Von nun an half er, nicht nur einen Teil des wenigen Fleischs gut zu verarbeiten, er hielt auch Augen und Ohren offen, um viel zu lernen. Es reifte der Entschluss, ebenfalls Fleischermeister zu werden.

Schließlich ging es einmal in der Woche zur theoretischen Ausbildung nach Erfurt. Unter anderem galt es, Fachrechnen, Ein- und Verkauf sowie Buchführung zu erlernen. Weitere Fertigkeiten vermittelte ihm Obermeister Heinrich Wickler.

Angehende Fleischer zum Erinnerungsfoto vereint

PRO KOPF IM MONAT
500 GRAMM FLEISCH

Auch dieser Name steht in Arnstadt in der Zunft der Fleischer für Tradition. Dessen Sohn Ernst, später auch Fleischermeister, erinnert sich recht gut an die Versorgung, bei der es pro Kopf und Monat 500

Gramm Fleisch gegeben hat. „Weil selbst dieses Fleisch oft nicht da war, gab es, so weit vorhanden, auf die Fleischmarken auch Eier und Fisch. Wir hatten Land und ernteten Gemüse und Salat. Also spezialisierten wir uns auf Rezepturen für Salate." Nach einer Denkpause fügt er hinzu: „Viele Jahre haben wir die Waren für unsere Schlachterei mit dem Handwagen geholt. Das war zunehmend meine Aufgabe."

Zurück zu Alfred Vogt. Im Jahr 1956 stellte sich dem angehenden Meister vor dem Prüfungstag die Frage: Wirst du es packen? Zusammen mit einem anderen Prüfling war am Schlachthof in Erfurt ein Rind zu schlachten und fachgerecht zu zerlegen: Kamm, Brust, Ober- und Unterschale, Schulter, Filet und mehr. Zudem galt es, die Auswahl für die Weiterverarbeitung zu treffen. Allein auf sich gestellt war der Prüfling bei der Herstellung einer Wurst, die tatsächlich nach Thüringer Wurst schmeckt. – Eine Herausforderung, in einer Zeit, in der es an fast allem fehlte. Alle Hürden wurden genommen, am Ziel lag der Meisterbrief. Der bot die Grundlage dafür, zu gegebener Zeit Vaters Geschäft zu übernehmen.

GEMÜSESÜLZE, GRÜTZWURST, WURSTSUPPE ...

Eines Tages war es so weit – alle Verantwortung lag beim Jungen. Nun galt es, vor den Kunden zu bestehen. Sie reichten weiter in dem kleinen gefliesten Verkaufsraum ihre Lebensmittelmarken über den Ladentresen. Ihre Erwartung: Alles muss schmecken wie beim alten Meister. – Die Hoffnungen wurden nicht enttäuscht.
Ein Fleischer dieser Zeit hatte nach getaner Arbeit zusammen mit seiner Familie, genau wie der Bäcker und der Lebensmittelhändler, eine besondere Klebearbeit auszuführen. Nein, nicht Collagen, raffinierte Mosaike oder andere Kunstwerke entstanden auf diese Art – es wurden, bei Vogts war es meist im Anschluss an das Abendbrot, die am Tag von den Kunden erhaltenen Marken aufgeklebt, Bogen für Bogen. Mit diesen ging es zum vorgegebenen Termin zur Abteilung Handel und Versorgung beim Landratsamt. Die Belege für erfolgten Verkauf waren mindestens so wichtig wie Geld, bildeten die Grundlage für anschließende Verteilungskämpfe. Je nach Markenabrechnung gab es Anteile am gerade zur Verfügung stehenden Kontingent bei Schweinen und Rindern. Zugeteilt wurden auch Därme, Gewürze und andere wichtige Dinge. Dann bestand die Kunst darin, mit raffinierten und teils altbewährten, aber immer von Kontrollen überprüfbaren und dann bestehenden Rezepturen, aus wenig mehr zu machen. Nun gut, die Kunden zeigten sich bescheiden, neben Fleisch und Wurst mundeten ihnen auch Gemüsesülze, Grützwurst und Wurstsuppe ...

„MIETZELWORSCHT" – IDEE EINES CHEMIKERS UND FLEISCHERS

Besonderes Glück hatte damals Fleischermeister Otto Herda. Es gleicht einem Märchen, aber so geschah es – er traf, wie auch immer, auf Dr. Fleischmann, einen beschäftigungslosen Chemiker.

Not + Versorgungsauftrag + Idee eines Chemikers + Kapital = Mycelwurst. So etwa stellte sich die Ausgangslage dar. Was klein begonnen hatte, wurde zur zündenden Idee, zu einem aufwändigen Prozess und letztlich zum Schlager. Die märchenhafte Kunde verbreitete sich wie ein Lauffeuer. Der Arnstädter Volksmund sprach, wohl auch weil niemand so genau wusste, was die Ausgangsmaterialien waren, schnell und einfach von „Mietzelworscht". Diese gab es in drei Arten. Die Schlangen vor dem Laden in der Rosenstraße wurden immer länger.

Beim Laborieren, v. l. Fleischermeister Herda und Dr. Fleischmann

Mit der Mycelwurst, Lieferungen gingen später einmal in der Woche sogar per LKW über Arnstadt hinaus, wurden in der Hochzeit dieser Erfindung um die 40 Menschen beschäftigt – von der Laborantin über den Fleischer bis zur Handschuhmacherin. Letztere nähte „Därme". Mit der Verbesserung der Versorgung und der Eröffnung von zunehmend mehr HO-Fleischereien gingen die Jahre der „Mietzelworscht" zu Ende.

Schlange vor Fleischerei Herda

FLEISCH NUR AUF „KUNDENKARTE"

Im Jahr 1958 zeigten die Anstrengungen im Land und das Ringen mit diversen Widrigkeiten in den zurückliegenden Jahren endlich Erfolg.

Die Lebensmittelmarken wurden abgeschafft. Viele hofften auf weitere Verbesserungen. Doch wie so oft im Leben – vieles ist relativ. Gelegentlich herrschte weiter der Mangel an diesem und jenem. Mal waren würzige Zutaten knapp, dann Därme ...

Vorübergehend kam es in der Versorgung nochmals ganz schlimm. Schon machte das Gerücht bezüglich neuer Lebensmittelkarten die Runde. Die rettende Idee der Verantwortlichen hieß „Kundenkarte". Die Zuteilung von Fleisch erfolgte nun anhand eines Buches, das Auskunft darüber gab, wer bei welchem Fleischer Kunde ist. Konsequenz der Geschichte: Kein Kunde – kein Verkauf. Bei aller Mühe freundlich zu sein, manch einer, der den Laden betrat, hat beim Verlassen die Tür etwas lauter ins Schloss fallen lassen. Echte Kunden aber kamen immer wieder. Nicht anders lief es nämlich bei den Fleischern, an deren Geschäften inzwischen HO oder KONSUM zu lesen war.

Doch nicht nur Kunden gingen bei den Fleischern ein und aus, immer wieder kamen auch Kontrolleure mit unterschiedlichsten Anliegen. „Mitunter nahm das groteske Züge an", so erinnert sich Fleischermeister Vogt. „Wenn es um die Festtagsversorgung ging, gab es Stress." Nun musste der Nachweis erbracht werden, dass beispielsweise jeder Kunde eine Rotwurst, einen Presskopf und einen kleinen Schinken bekommt, ganz, wie medienwirksam gegenüber der Bevölkerung versprochen. Gelegentlich sollte gar noch eine gewisse Reserve angelegt werden.

Bei manchem Ernst, der Gang zum Fleischer bot auch Chancen. Ein Foto zum Schmunzeln

Fleischermeister Alfred Vogt bewahrte die Tradition seiner Vorfahren, bestand alle Prüfungen und konnte anlässlich der 1300-Jahr-Feier der urkundlichen Ersterwähnung Arnstadts stolz auch „100 Jahre Fleischerei Vogt" feiern – mit ihm viele inzwischen selber in die Jahre gekommene, aber auch junge Kunden.

Und trotzdem, ein bedauerlicher Wandel ist unübersehbar. Im Jahr 2014 zählt Arnstadt noch ganze sechs Fleischereien, Filialen bereits mitgezählt, hinter denen Fleischermeister aus anderen Orten stehen. Dazu kommen gelegentliche Verkaufswagen auf Märkten. Damit fällt die Bilanz nicht ganz so traurig aus. Trotzdem, die vertrauensvolle Kunde-Handwerker-Beziehung wird wohl in absehbarer Zeit Geschichte sein, es sei denn, Konsumenten und Auszubildende werfen einen Rettungsanker.

AUS DER WANNE INS BERGBAD

SONNABENDS WAR BADETAG

Über die Badezeremonien sprach man kaum. Erst Jahre später wurde es in lockeren Runden belustigend deutlich – es war in fast allen Familien gleich. Vor allem der Mangel an Heizmaterial machte warmes Wasser zu einem wertvollen Gut. Entsprechend erfinderisch war die Abfolge der Nutzung des Wassers bei den „Familienbädern". Nach schweißtreibender Arbeit, dem Herumtollen beim Spiel oder mit Sicherheit am Wochenende, gab es hinter verschlossenen Türen das erforderliche Bad. Meist sonnabends stiegen alle in überlegter Reihenfolge in dieselbe Wanne, meist war sie aus Zinkblech und fand in der Küche Aufstellung.

Bei den Kindern achtete Mutter darauf, dass nicht zu lange geplanscht wurde, schließlich sollte das Wasser für den Nachfolger nicht zu kalt werden. Zwischendurch wurde etwas warmes Wasser nachgeschüttet. War die Wanne groß genug, kamen kleinere Geschwister gleich zu zweit hinein.

Wenn turnusmäßig die „Große Wäsche" auf dem Wochenend-Plan stand und das Waschhaus ohnehin angeheizt werden musste, konnte das Bad schon mal üppiger ausfallen und etwas länger dauern. Dann bugsierte

In den meisten Familien war sonnabends Badetag

Mutter die „Dreckspatzen" in die Wanne mit dem letzten Spülwasser. Als alles wieder in geordnete Bahnen kam, verlegte manche Familie ihren Badetag auch in das Stadtbad. Hier konnte man für wenige Pfennig meist auch ein Stück Seife bekommen und ein Bad in einer richtigen Badewanne nehmen.

Blick ins Arnstädter Freibad

Einige Jungen ließen es sich nicht nehmen, im Gewitterregen Erfrischung und Reinigung zu suchen. Angesichts heraufziehender Wolken verabredeten wir uns mit einem freudigen Blick zum Himmel für die Zeit des Gewitters. Die Eltern waren von dieser Leidenschaft nicht gerade erbaut. Wir aber konnten im prasselnden Regen nicht genug bekommen. Wir erfrischten uns mit Freuden, brauchten uns dann nur noch abzutrocknen.

Mit Beginn der Schulzeit änderte sich auch dies. Im Sportunterricht gab es regelmäßige Badetage. Dann zog die ganze Klasse los, die Kinder sollten schwimmen lernen. Verbunden war das zu Beginn mit der üblichen gründlichen Reinigung unter den Duschen.

Beim Schwimmunterricht blieb auch Zeit herumzutollen (Foto H. Greßler)

In den Sommermonaten ging es vor allem für die Heranwachsenden über Jahre beinahe luxuriös zu. Wir hatten die Auswahl: Freibad in der Stadt und das Bergbad westlich der Stadt. Für die Besitzer eines Fahrrades taten sich weitere Möglichkeiten auf und zwar die Greßlersche Kiesgrube weit vor den Toren der Stadt und noch weiter nördlich lockte das offizielle Freibad Ichtershausens.

Eine Besonderheit stellte das „Bergbad" dar, einst eine militärische Baustelle, die, schon im Krieg aufgegeben, voll Wasser gelaufen war. Die aus dem Loch im Berg herausragenden bereits fertiggestellten Mauern dienten als Sprunganlagen für die „Köpfer". Die erfrischende Wohltat wussten bald auch sowjetische Soldaten aus der nahen Kaserne zu schätzen. Dann hatten wir häufig das Nachsehen. Zum Glück für uns dauerten deren Ausflüge nicht lange und es erschallte der Ruf „Dawai, dawai ...", schnell, schnell. Danach war alles wieder nur für uns. Offiziell und familiär wurde es nicht gerne gesehen, dass in diesem „Loch" gebadet wurde. Ähnlich problematisch, wenn auch aus anderen Gründen, war es mit der Greßlerschen Kiesgrube. Da gab es oft laute Worte. Der Besitzer wollte das nicht. Ebenso begründet waren wohl die Ängste der Eltern und die Verbote offizieller Stellen. Beherzigt wurde all dies immer nur, wenn mal wieder ein Badeunfall passiert war. Der war aber bald wieder vergessen.

Dort gab es nämlich abrutschende Kieswände, unerklärlich kalte Strömungen, Untiefen und dadurch sogar Tote – wenige, aber immerhin.

Das Thema Bergbad erledigte sich eines Tages. Das gesamte Gebiet wurde zur Kreis-Abfalldeponie für Hausmüll und andere Einlagerungen. Bald war von der Wasserfläche nichts mehr zu sehen.

Das Bergbad in den 1950er-Jahren. An der oberen Bildkante ist zu erkennen, wie sich Arnstadt mit den ersten Bauten der AWG in Richtung Westen auszudehnen beginnt (Sammlung R. Pahl)

TEXTILIEN FÜR DEN INTERNATIONALEN MARKT

OLYMPIAMANNSCHAFTEN EINGEKLEIDET

Blättert der Interessierte in historischen Adress- oder Telefonbüchern, stößt er immer wieder auf Betriebe, an die sich in Arnstadt kaum noch jemand erinnert. Nicht nur Firmenschilder, ganze Unternehmen sind verschwunden, ihre Produktionsgebäude verfallen. Einzelne Berufszweige existieren nur noch in der Erinnerung. Zu ihnen gehören Handschuhmacherinnen, Fahrzeugbauer, Näherinnen und Modellgestalter. Einst aber wurden mit dem Zutun Arnstädter Firmen sogar Olympiamannschaften eingekleidet. Mäntel, Jacken, Sakkos, Anoraks wurden zu westdeutschen Versandhäusern, Auslieferungslagern und großen Bekleidungshäusern transportiert. Andere Sendungen traten entsprechend getätigter Handelsvereinbarungen mit sowjetischen Außenhandelsunternehmen oder weiteren Ex- und Importfirmen ihre Reise an. Es wurde klar zwischen SW- und NSW-Lieferungen unterschieden. „SW" stand für sozialistisches und „NSW" für nichtsozialistisches Wirtschaftsgebiet.

OHRENSCHALL & ANDRESS

Zu den mittelständischen Betrieben, die in beinahe alle Himmelsrichtungen lieferten, gehörte die Bekleidungsfirma Ohrenschall & Andreß. Vor den von Erfolgen kündenden Schlagzeilen in der Regionalpresse stand dieser Betrieb, wie viele andere, bei der Stunde null des Jahres

1945. Die einen kamen nie wieder auf die Beine, andere rappelten sich auf und strauchelten in den Folgejahren. Es gab auch solche, die sich trotz aller Widrigkeiten entwickelt haben. Mit Tatkraft und Durchsetzungsvermögen behielt Liselotte Andreß, die die Geschäftsführung 1945 von der Mutter übernahm, auf dem steinigen Weg der Nachkriegszeit Tritt. Bald schon erinnerte nur sie sich noch an den schwierigen Anfang mit 20 Beschäftigten.

Datiert vom 2. Juni 1945, noch ist die amerikanische Besatzungsmacht in Arnstadt, trifft ein Brief des Oberbürgermeisters bei der Familie Andreß ein. Mit Freude wurde vernommen:

„Auf Ihren Antrag vom 18. Mai 1945 wird Ihnen hiermit die Genehmigung zur Wiedereröffnung Ihres Betriebes – Herrenkleiderfabrik – nach Erfüllung der steuerlichen Verpflichtungen erteilt."

Nur Wochen später gab es die neue Besatzungsmacht. Mit ihr wechselten die Zuständigkeiten. – Neue Bemühungen, wieder Schriftverkehr und nochmals Erfolg. Dazwischen lagen Schikanen, Rückschläge und, und, und. Materialprobleme kamen hinzu. Davon zeugt ein Dokument vom 29. Juli 1946, ausgefertigt in Deutsch und Russisch:

„Die Firma Ohrenschall & Andreß, Arnstadt, ist für die hier vorliegenden Aufträge für die Feldp. Nr. 61963 restlos eingesetzt. Die Firma kann ihr Soll nur dann erfüllen, wenn ihre gesamte Belegschaft für diese Aufträge voll und ganz eingespannt wird."

Der kleine Betrieb begann zu dieser Zeit seine Produktion mit der Herstellung von Oberbekleidung für die sowjetische Besatzungsmacht. Später wurde die Fertigung langsam aber beständig ziviler.

1952 waren es schon rund 100 Betriebsangehörige, vornehmlich Frauen, die zunächst ausschließlich Herrenbekleidung fertigten. 1957 kamen Damenjacken und Mäntel hinzu, erste Exportwünsche fanden Eingang in die Auftragsbücher. Die Rahmenbedingungen waren ständigen Veränderungen unterworfen. 1959 wurde der Betrieb halbstaatlich.

Von Anfang an galt seitens der Geschäftsleitung: Wer arbeitet, soll auch feiern. Dieses Foto entstand bei einem Betriebsausflug zur Wartburg. Ganz vorn der frühere Eigentümer der Firma, Carl Andreß. Dessen Tochter Liselotte, die seit 1945 die Geschicke des Betriebs leitete, ist auf der Aufnahme in der 2. Reihe v. o., außen rechts zu sehen (Archiv Andreß)

Zunächst produzierte Ohrenschall & Andreß in der Schönbrunnstraße 16, in einem Teil der früheren Handschuhfabrik Bondy. Die anderen Räume nutzten die Blinden-Handwerker. Anfang der 1960er-Jahre wurde deutlich: Hier gibt es keine weitere betriebliche Entwicklungsmöglichkeit. So folgte 1963 der Umzug. Später wurde die Produktionsstätte in der Schönbrunnstraße im Zuge der Weiterentwicklung des Bildungswesens zu einem Polytechnischen Kabinett umgebaut. Nach 1990 kam für den in die Jahre gekommenen Bau der Abriss.

Doch zurück ins Jahr 1963. Die neue Firmenanschrift lautete Gehrener Straße. In den Räumen der früheren Tabakwaren-Firma Hammonia wurde nun Oberbekleidung gefertigt. Den vorausgegangenen Umbauten folgten Schritt für Schritt Erweiterungen durch Neu- und Anbau von Gebäuden. Auf dem Betriebsgelände wurde es immer enger. Die Einfahrt teilte man sich im guten Einvernehmen mit der Stahlbaufirma Fiedler.

Blick auf einen Teil der Firmengebäude nach dem Umzug in die Gehrener Straße (Foto Stadermann)

Angepasst an die produktionsbedingten Herausforderungen und technischen Entwicklungen, gab es Im Inneren der Nähsäle immer wieder Neuerungen. Mit den Ideen des Schnittkonstrukteurs Herrscher über rund 70 verschiedene Schnitte und unter den geschickten Händen der Näherinnen entstanden hochwertige Produkte. Sprach man mit Näherinnen, so konnte man auch von Leistungsdruck hören. Für einen Sakko z. B. gab es 120 Minuten.

PRODUKTION – IMMER WAR ES ZU WENIG

Gerne erinnern sich aber auch ehemalige Beschäftigte an gesellige Stunden bei Brigadeveranstaltungen, gemeinsamen Ausflügen und Betriebsfeiern. Egal, trotz Anreizen und größtem Fleiß, immer war es zu wenig, was nach sorgfältiger Endkontrolle in den Versand gekommen ist. Erst recht galt dies für die Inlandsversorgung, kurz Bevölkerungsbedarf genannt. Auch die Zusammenlegung mit geeigneten Firmen außerhalb Arnstadts und effizientere Fertigungsabläufe brachten keine Wunder.

Stand der Firma Ohrenschall und Andreß im Leipziger Ring-Messehaus (Archiv Andreß)

In Vorbereitung auf die Leipziger Frühjahrsmesse 1967 berichtete Frau Liselotte Andreß, Komplementärin und staatliche Leiterin des mit staatlicher Beteiligung arbeitenden Unternehmens, gegenüber einem Journalisten stolz, dass es diesem kleinen Arnstädter Unternehmen als erstem Betrieb der DDR-Bekleidungsindustrie gelungen sei, auf dem modebewussten französischen Markt Fuß zu fassen. Bedeutende Lieferungen wurden vereinbart. Dem Erfolg vorangegangen waren Ideenreichtum, teils abenteuerliche Bemühungen um moderne Technik sowie Material, Fleiß und die Suche nach zuverlässigen Partnern. Deutlich wurde dies vor allem dann, wenn es darum ging, im Ring-Messehaus in Leipzig, bei der Modemesse in Köln oder während anderer Präsentationen potentiellen Kunden etwas Besonderes anzubieten.

Angelika Sturm, Tochter der Leiterin der Firma, und nach Erwerb einer zweiten Facharbeiterausbildung sowie erfolgreichem Studium zur Bekleidungsingenieurin verantwortlich für Materialbeschaffung und Absatz, erinnert sich an so manches „Beschaffungsabenteuer". Die Einkäuferin weiß, als sei es gestern erst geschehen: „Ein Drechslermeister aus Gräfenroda fertigte uns Zierknöpfe aus edlem Holz."

DER „OPOSSUM-MANTEL"

Zu einem der gefragten Knüller entwickelte sich der „Opossum-Mantel". Eine Opossum-Zucht gab es in Arnstadt zwar nicht, dafür aber eine gute Zusammenarbeit mit dem VEB Möbel und Plüsche in Karl-Marx-Stadt (Chemnitz). Vom Opossum-Erfolg beflügelt, wagten sich die gemeinschaftlich tätigen Tüftler sogar an einen synthetischen „Nerz". Übrigens, von den Opossum-Mänteln gingen 1967 neben vielen anderen Erzeugnissen 14 000 Stück auf Reise. Ein spezielles Modell für die UdSSR bekam auf Wunsch noch ein extra starkes und zusätzlich wärmendes Stepp-Futter. Für Näherin und Maschinen stellte sich das als eine echte Herausforderung heraus. Ein „Geht nicht" gab es nicht, wohl aber immer wieder Lob der zahlreichen internationalen Kunden.

Angelika Sturm zeichnete nicht nur für die Material-
beschaffung verantwortlich, gelegentlich präsentierte sie
auch die Erzeugnisse, hier einen Opossum-Mantel aus
synthetischem Material

Dieses Foto einer betrieblichen Weihnachtsfeier zeigt,
auch der „Weihnachtsmann" bevorzugte „Opossum" (Archiv Andreß)

1972 erfolgte die Verstaatlichung der Firma. Sie hieß von nun an VEB Modetreff Arnstadt. Auch der neue Betrieb blieb unter der bewährten Leitung der bisherigen und von den Beschäftigten trotz klarer Ansagen geschätzten Firmenchefin auf Erfolgskurs. Die Exporte gingen weiter nach Ost, West und Süd sowie in den Norden Europas.

Im Gespräch erinnert sich Angelika Sturm:
„Es gab eindeutige Rangfolgen: Zuerst NSW-Export, der für den Außenhandel der DDR freie Devisen brachte, z. B. in die Schweiz, nach Österreich oder nach Skandinavien, dann kamen die Kunden in der BRD. Einen besonderen Stellenwert hatte der sowjetische Kunde ‚Rassnoexport' und schließlich gab es noch Lieferverträge für den Bevölkerungsbedarf."

„... HALB VERSCHENKT, WAS ICH AUCH GERNE HÄTTE"

Die Spezial-LKW einer westdeutschen Firma transportierten bei „einem Ritt" mehr als 2000 Kleidungsstücke – vor allem Sakkos und Jacken. Für die Zeit der Verladung wurde das Betriebsgelände zum „Zollhof". Jedes Kleidungsstück fand die Aufmerksamkeit der Augen eines Zöllners, ehe es hängend im Laderaum des überdimensionalen LKW verschwand. Nachdem die große Hecktür geschlossen war, erfolgte der Einsatz der Plombierzange. Manch Arnstädter, der gelegentlich den langen cremefarbenen LKW mit blauen Schriftzügen gesehen hat, knurrte dann vor sich hin: „Da wird mal wieder halb verschenkt, was ich auch gerne hätte." Teils auf direktem Weg ging die Damen- und Herrenoberbekleidung zu den Empfängern. Unter diesen klangvolle Namen wie

Otto, Quelle, Schöpflin, Hertie, Adler und Neckermann. Manch einer ist inzwischen Geschichte.

Hatte der Beobachter am Straßenrand Recht mit seiner etwas neidvollen Bemerkung? Es war kein Geheimnis, dass gute Erzeugnisse aus der DDR schon mal auch unter Wert verkauft worden sind. Hinter der Hand bestätigte dies gelegentlich selbst ein westdeutscher Einkäufer, verbunden mit der Floskel „Ja, das Geschäft ist hart".

Angelika Sturm, ab 1968 auch für die Geschäftsgespräche mit den internationalen Kunden zuständig, kann sich erinnern, manchmal wie auf einem Basar verhandelt zu haben – oft von Erfolg gekrönt und immer mit einem Vertreter des DDR-Außenhandels an ihrer Seite. Ihre Fakten: „1968 haben wir einen Sakko für 25,- D-Mark verkauft, zuletzt bekamen wir etwa zwischen 60,- bis 70,- D-Mark. Der Erlös ging an den Außenhandel der DDR. Unser Betrieb erhielt die reinen Betriebskosten in Mark der DDR."

DIE NACHFRAGE WAR GROSS

Was gut ist, wird nachgefragt. So blieben die Näherinnen trotz allen Fleißes und erfüllter Pläne oft mit ihren Stückzahlen hinter dem zurück, was sie nach den Wünschen der Kunden hätten produzieren können. Das änderte sich auch nicht, als 1982 der VEB Sportbekleidung Arnstadt in den VEB Modetreff eingegliedert worden war. In seiner Glanzzeit beschäftigte das Unternehmen 150 Berufstätige und erwirtschaftete einen Jahresumsatz von ca. 20 Millionen bei einem Reingewinn von 800 000 Mark.

Mit diesem guten Ergebnis übergab die langjährige Firmenchefin zum Jahresanfang 1980 den Staffelstab. Sie schied, inzwischen im Rentenalter, auf eigenen Wunsch aus.

Mit den politischen Veränderungen 1989/90 wurde beinahe schlagartig alles anders. Das Unternehmen hat sich auf seine Quellen vor der Zusammenlegung besonnen. Der einstige VEB Sportbekleidung verwandelte sich in „Classique-Moden GmbH Arnstadt". Für den VEB Modetreff stand die Privatisierung an. Das Fazit am Neustart ernüchternd: In die Technik war in den letzten Jahren kaum noch etwas investiert worden. Rücklagen gab es nicht.

Quasi über Nacht brachen zudem im Jahr 1990 Aufträge weg. Die Produktion war weiter qualitativ klasse. Daran hatte sich nichts geändert, der Markt aber schon, mit ihm die Begehrlichkeiten. Die Konsumwünsche der Noch-DDR-Bürger zeigten andere Markeninteressen.

„Meine Mutter wollte es noch einmal wissen, wie damals ...", erinnert sich Angelika Sturm und fährt fort: „Es gab Gespräche mit der Treuhand ... aber wir konnten es drehen wie wir wollten, es ging nicht.

Nicht nur der Markt war ein ganz andere, auch unserer Zulieferbetriebe und langjährigen Partner waren in Auflösung oder gab es schon nicht mehr. Ich denke an den VEB Feintuche in Finsterwalde, an den VEB Streichgarnwolle Spremberg und andere."

Das 1906 von dem Arnstädter Louis Carl Max Andreß mit der Herstellung von Schürzen und Wäsche begründete, 1920 mit dem Kaufmann Paul Ohrenschall neu aufgestellte, schließlich ab 1924 in der Pfortenstraße ansässige Unternehmen, das 1945 einen schwierigen Anfang meisterte, blieb auf der Strecke.
Im Jahr 1992 knirschte der Schlüssel im Schloss des zuletzt qualvoll geschrumpften Unternehmens – geschlossen!

ARNSTADT EIN DORF?

SCHEUNEN AM WOLLMARKT

Arnstadt, im Jahr 704 urkundlich erwähnt, galt in der DDR als ältester Ort. In diesem Zusammenhang gab es gelegentlich kleine Eifersüchteleien mit dem nur wenige Kilometer westlich gelegenen, zeitgleich erwähnten Dorf Mühlberg. Dabei ist in den Hintergrund getreten, dass Arnstadt seit 1266 auch das Stadtrecht besitzt. Hat sich daher so hartnäckig die Bemerkung gehalten, Arnstadt sei auch nur ein Dorf?

Nach der Verwaltungsreform im Jahr 1952 lebten im Landkreis Arnstadt über 66 000 Menschen und in der Kreisstadt Arnstadt bewegte sich etwa zu diesem Zeitpunkt die Einwohnerzahl auf 30 000 zu. Also alles andere als ein Dorf. Andererseits, die Stadt mit ihrer Industrie ist von fruchtbaren Ackerflächen umgeben. Scheunen standen noch Anfangs der 1950er-Jahre wie selbstverständlich im Stadtgebiet, z. B. am Wollmarkt und in Arnstadt-Ost. Noch heute glaubt man bei manchen Grundstückseinfahrten im Zentrum Pferdegetrappel und das Knirschen der Räder zu hören. Nach seinem Beruf gefragt, antwortet manch Älterer stolz: Landwirt.

Auf dem verinnerlichten Bildschirm meiner Kindheit sehe ich noch immer das Pferdefuhrwerk durch unsere Straße rollen. Gleich hinter Pferd und langer

Getreideernte um 1950 auf einem Feld nahe der Stadt (Archiv Straszim)

Deichsel saß, erhöht auf einem Brett, ein älterer Kutscher. Müde hielt er die Peitsche, ruhig redete er auf das Pferd ein. – Auf der Ladefläche befanden sich je nach Jahreszeit ein Pflug oder eine Egge, Säcke oder Strohbündel. Ganz eindeutig das Transportmittel eines Bauern. Hervor drängt auch die Erinnerung, dass wir als Schulkinder auf den Feldern am Stadtrand Kartoffelkäfer suchen und bei der Ernte helfen mussten.

Anfangs dominierte bei allen Feldkulturen mühevolle Handarbeit (Archiv Straszim)

Immer wenn der Südwestwind wehte, hat es stark gerochen. Manche meinten auch, es stinke.

„Das ist mal wieder die Schweinemast", klingt mir noch heute in den Ohren. Wie denn nun, Stadt oder Dorf?

Auf der Suche nach einer Antwort begegnete ich Martin Straszim:

„Ja, ja – die Schweinemast, besser gesagt das Volksgut Kesselbrunn. Dort, nahe dem Riesenlöffel, habe ich gelernt", erinnert er sich. Weiter weiß er zu berichten: *„Das Gelände befand sich zwischen der Eisenbahn und der Kleingartenanlage Kesselbrunn. Zunächst gab es nach sowjetischem Vorbild die sogenannte Offenhaltung der Tiere. Als Unterstellmöglichkeiten standen ‚Schweinepilze' im Gelände. Das bewährte sich nicht so recht."* Weiter weiß der rüstige Rentner: *„Die Schweinemast mit ihren zunächst bösen, schließlich aber immer besseren Zuständen, gab es über Jahre und mit ihr den Geruch."*

In der Zeitung „Das Volk" aus dem Jahr 1953 waren Details zu erfahren. Durch den VEB Kreisbaubetrieb Arnstadt wurde eine für diese Zeit moderne Mastanlage errichtet. Um die Versorgung mit Schweinefleisch zu verbessern, erfolgte der Bau dieser Stallungen gleichen Typs in mehreren Kreisen Thüringens. Heute mag man darüber schmunzeln, aber damals hatte die Arnstädter Anlage ihre Besonderheit und war ein wichtiger Beitrag bei der Durchsetzung von „Neuerer-Methoden". Damit auch alles gut werde, reiste eine siebenköpfige Delegation Arnstädter Bauarbeiter in die gerade im Bau befindliche Berliner Stalinallee zu den dortigen Bestarbeitern. Einer von diesen, Aktivist Fritz Krieger, berichtete der Zeitung:

„Unsere Arnstädter Kollegen haben sich jedoch in zwei Tagen davon überzeugt, daß man nicht mehr nach alten Traditionen arbeiten kann ..." Die Arnstädter sahen sich nicht nur in der Stalinallee um, im Berliner Haus der Kultur kam es auch zu einem Erfahrungsaustausch. Nach Arnstadt brachten sie die „Tilleschen Eck- und Öffnungslehren", Details zum „Leistungsnormverzeichnis", spezielles Werkzeug und die Erkenntnis mit, dass sie von nun an in einer „Dreier-Brigade" arbeiten, so berichtet ein Journalist.

KEINE DÄMMUNG – ERFRORENE SCHWEINE

Bauleiter Künast vom Kreisbaubetrieb betonte, dass es mit den neuen Stallungen der Schweinemast rasch vorangehen werde und drückte im gleichen Beitrag seine Hoffnung aus, dass das Baumaterial zügig angeliefert werde, damit keine Stockung eintritt. Tatsächlich, bis zum 31. März 1953 war das erste Gebäude fertig. Vier weitere folgten, die Schweine konnten einziehen. Die bittere Wahrheit aber war: Da die Stallungen ohne Dämmung gebaut worden waren und der Winter im Februar 1954 sehr streng war, sind viele Schweine erfroren.

Außer dem Gut, dessen Name und Verantwortliche mehrmals wechselten, gab es selbstverständlich Bauern in Arnstadt und letztlich auch eine der Entwicklung entsprechende Landwirtschaftliche Produktionsgenossenschaft (LPG). Übrigens, die erste im Landkreis entstand im Juli 1952 im nahen Gossel, südlich der Stadt gelegen. Diese wiederum war immerhin die dritte im Bezirk Erfurt.

Schweinehaltung am Rande der Stadt (Archiv Straszim)

SCHEUNEN VERSCHWANDEN – WOHNUNGEN ENTSTANDEN

„Nur Monate später", weiß Straszim, „am 3. Oktober 1952 wurde die ‚LPG XIX. Parteitag der KPdSU' Arnstadt gebildet. Die Liegenschaften waren ziemlich verstreut: Büro in der Gehrener Straße, die Technik war mit den dazugehörigen Einrichtungen vor allem auf dem Rabenhold konzentriert, die Gärtnerei mit Gemüseproduktion befand sich im Jonastal, die Geflügelhaltung war in der Nähe des Jungfernsprung. Der Obstbau konzentrierte sich auf Angelhausen und gehörte später zeitweilig als Brigade zum VEG Obstbau Erfurt. Die Tierhaltung hatte ihr Hauptdomizil zunächst nahe dem Mühlweg, zwischen den Gleisen der „Bimmel" und der Gera. Die Felder lagen wie ein Schal rings um die Stadt. Angebaut wurden vor allem Getreide einschließlich Braugerste,

Kartoffeln, Zuckerrüben. Hinzu kamen in kleinerem Umfang andere Kulturen, sogar Hopfen."

Zu der Zeit gab es in Arnstadt eine Molkereigenossenschaft, einen Schlachthof, Mühlen und eine Malzfabrik. Viele landwirtschaftliche Produkte konnten so auf kürzestem Weg in der Region verarbeitet werden.

Schrittweise zog neue Technik ein, z. B. motorisierte „Geräteträger". Stolz wurden die Neuerungen gezeigt, hier am Kohlenmarkt auf dem Weg zu einer 1.-Mai-Demonstration (Archiv Straszim)

„Am 24. Oktober 1962", so erinnert sich mein Gesprächspartner, „bekam die LPG den neuen Namen ‚Banner des Friedens'. Zu den Veränderungen im Verlauf der Zeit gehörte die Pferdehaltung in Angelhausen. Auch die Schweine zogen nach Angelhausen um. Am Rehestädter Weg wurde ein Kuhstall errichtet. Dort fand auch die Hühnerhaltung ein neues Zuhause. Eines Tages erfolgte die Spezialisierung und Konzentration in der Landwirtschaft. Letztlich wurden 1973 die Feldflächen des früheren Volksgutes in die LPG Pflanzenproduktion Thörey eingegliedert. 1980 dann die Neuzuordnung von weiteren Feldflächen, Technik sowie Tieren und Bauten zu fünf Landwirtschaftlichen Produktionsgenossenschaften im Umkreis. So bekamen die landwirtschaftlichen Betriebe in Rudisleben und Gossel Zuwachs."

Von Maschinen-Ausleihstationen (MAS) kam die gewichtigere Technik (hier Schlepper bei der Herbstfurche). Später bekamen sie eine größere Bedeutung und nannten sich Maschinen-Traktorenstation (MTS)

Die Entwicklung der Stadt Arnstadt hatte zur Folge, dass an den Rändern immer mehr Feldflächen ihr Aussehen verloren und Scheunen keine Chance gegen Abrissarbeiter hatten.

Im Westen und Osten der Stadt wurden aus Feldwegen Straßen, aus Feldern und Obstplantagen Stadtteile oder Kleingartenanlagen, die ihrerseits vom ursprünglichen Standort weichen mussten. Manch Arnstädter war froh, eine neue Parzelle zu bekommen und erinnert sich noch heute an den Anfang mit den vielen Quecken und einem schmerzenden Rücken.

Abriss einer Scheune in Arnstadt-Ost. Sie weicht dem Wohnungsbau

Mit der Auflösung der „LPG Banner des Friedens" Arnstadt am 20. Mai 1980 fand das dörfliche Handeln in Arnstadt unweigerlich sein Ende. Darüber konnten auch die vielen Getreidetransportfahrzeuge nicht hinwegtäuschen, die im Sommer durch die Straßen der Stadt fuhren, nicht selten eine Körnerspur der „Rieselverluste" hinter sich lassend. – Ihr Ziel waren die Lager der VEAB oder direkt die moderne Mühle in der Friedrichtraße.

Mähdrescher, ein Erzeugnis aus dem VEB-Kombinat Fortschritt und LKW W50 aus Ludwigsfelde im verbundenen Einsatz

Auch nach 1980 konnte man am Rand der Stadt Mähdrescher sehen, oft bis spät in den Abend

Auch Fahrzeuge mit Zuckerrüben wurden nach 1980 noch gesehen. Sie waren in der Regel auf dem Weg zum Güterbahnhof. Damals war es üblich, die Zuckerfabriken über die Eisenbahn zu beliefern.

Der Schlachthof Arnstadt war weiter die Endstation für Tiere. Dort fuhren gelegentlich große Spezial-LKWs ein und aus, die beste Ware gen Westen transportierten – selbst dann, wenn es in heimischen Fleischerläden mal wieder nicht so üppig aussah.

CHEMIEANLAGEN UND FERNMELDETECHNIK

AUS ARNSTADT IN DIE WELT

Größte Betriebe waren der Chemieanlagenbau und das Fernmeldewerk Arnstadt nördlich der Stadt. Sowohl in der Nachkriegszeit als auch in der DDR hatten beide viele Gemeinsamkeiten. Einst bedeutende Rüstungsbetriebe, zogen sie magisch sowohl Amerikaner als auch Russen an. Erst kamen Abtransporte, dann wurden sie SAG-Betriebe (unter sowjetischer Verwaltung) und schließlich bedeutende Exportpartner der UdSSR. Der eine fertigte immer größere und speziellere Chemieanlagen, der andere Fernmeldevermittlungstechnik. Dass im Fernmeldewerk einst auch an Fernsehgeräten getüftelt wurde, wissen heute nur noch wenige. Ganz am Anfang stand aber auch in beiden Betrieben eine Produktion, die sich an den dringendsten Bedürfnissen orientierte. Der eine lieferte Einkochtöpfe und Kühlschränke, der andere Kochplatten, Tauchsieder, Radios ... und eben für die UdSSR ein produktionsreifes Fernsehgerät.

Ende 1953 gingen die letzten 33 SAG-Betriebe in den Besitz der

Die ersten DDR-Fernsehgeräte hatten, wenn auch in einem anderen Werk gefertigt, ihre Anfänge u. a. in Arnstadt

DDR über und wurden zu volkseigenen Betrieben. Unter diesen befand sich die Chema. Ihr letzter sowjetischer Generaldirektor, Jewtejew, hatte noch vor der Übergabe neue Produkte eingeführt und wichtige Weichen gestellt. Über Jahrzehnte wurde die UdSSR zum bedeutendsten Empfängerland für Einzelaggregate und Anlagen – aus Reparationsleistungen wurden Lieferungen auf der Basis von Exportverträgen. Über vier Jahrzehnte traten tausende Anlagen, zunehmend auf Ganzzügen verladen, ihre Reise zu dem bedeutenden Partner an. Zu weiteren hochrangigen Exportkunden wurden China, Ungarn, Polen, Kuba, Bulgarien und weitere sozialistische Länder. Mehr und mehr gab es auch Verträge mit Kunden in Staaten der „westlichen Welt". Erwähnung bedürfen zudem die großen Baustellen der chemischen Industrie der DDR. Zielorte für Lieferungen lagen vor allem im sogenannten Chemiedreieck Leipzig-Halle-Merseburg, aber auch Schwedt, in das Polyurethan-Werk Schwarzheide, Guben und Rudolstadt-Schwarza gingen Anlagen, um nur einige Adressen zu nennen.

Viele Baugruppen von Chemieanlagen konnten nicht im betriebseigenen Verladebahnhof ihre Reise antreten, sondern erforderten Spezialtransporte, z. B. diese Luftzerlegungsanlage

Wenn ausländische Delegationen den Betrieb besuchten, ruhte oft in einzelnen Abteilungen die Arbeit

Ab 1953 entwickelte sich im RFT Fernmeldewerk Ernst Thälmann der Export. Von Anfang an war die Produktion speziell auf die Anforderungen des bedeutendsten Kunden, die UdSSR, abgestimmt und das blieb so bis 1989/1990.

Rasch sind aber auch andere Bezugsländer hinzugekommen. Zeitweise wurde in 15 Länder exportiert, darunter Griechenland, Nicaragua und Ägypten. Mit der Entwicklung weiterer Produkte und der Erweiterung der Fertigungskapazitäten gingen Spezialausführungen der Fernmeldevermittlungstechnik in Bergwerksanlagen, andere waren für den Einsatz bei Eisenbahnverwaltungen und in Energieverbundsystemen konzipiert.

ERFOLGREICHE PRODUKTION – EIN BESSERES LEBEN

Mit ihrer Entwicklung bekamen beide Betriebe auch eine zunehmende Bedeutung für die Entwicklung der Stadt und deren kulturelles Leben. Zahlreiche Kultur- und Sportgruppen der Stadt, aber auch Veranstaltungen und Verbesserungen im Alltag wären ohne diese beiden Firmen undenkbar gewesen.

Und was wurde in Arnstadt noch gefertigt? Der Katalog ist reich: Anhänger, Betonelemente für die verschiedensten Bauwerke, chemische Produkte, Elektroanlagen, Glaswaren, Handschuhe für unterschiedlichste Zwecke, Lampen, Maschinen, Molkereiprodukte, Möbel, Oberbekleidung, Verpackungsmaterial und vieles mehr.

Kaum ein Eisenbahnwaggon kam ohne Bremsklötze aus Arnstadt aus und Leuchtstofflampen wären ohne Starter aus Arnstadt dunkel geblieben. Hinzu kamen mehrere Baubetriebe und Nachfolgeeinrichtungen der Landwirtschaft und ein leistungsfähiger Hauptbahnhof, der sowohl für Güter- als auch Personenzüge ein bedeutsamer Rangierbahnhof war.

Auch jede Menge Güterzüge fuhren ab Arnstadt Hauptbahnhof

„WO GEHEN WIR MAL HIN?"

„BITTE WARTEN, SIE WERDEN PLAZIERT!"

Neulich hörte ich aus dem Gespräch zweier Männer: „Na, das war vielleicht ein Dilemma!" Es schien um Gaststätten zu gehen, denn der andere fügte hinzu „… und dann noch die Schilder: ‚Bitte warten, Sie werden plaziert!'"

Die Zahl der Hotels, Cafés und vielen Gaststätten hat sich im Verlauf der Jahre laufend verändert: Geschäftsaufgabe, schlechter Bauzustand und Umnutzungen hinterließen Spuren. Trotzdem, es gab sie alle: einfache Kneipen, Gaststätten für verschiedene Ansprüche, Cafés und Hotels, damals noch ohne Sterne. Von letzteren galt das Bahnhofshotel als bestes Haus am Platze. Nicht von ungefähr zog dort zu gegebener Zeit auch der „Intershop" ein.

Selbst bei denen, die ganz nach dem Motto „zu Hause ist's am schönsten" lebten und vorwiegend in ihrer gewohnten Umgebung blieben, kam hin und wieder die Frage auf „Wo gehen wir mal hin?". Immer musste berücksichtigt werden, dass die Öffnungszeiten nicht gerade übersichtlich waren. Wer hatte wann Ruhetag? Gerade die besseren Ziele erwiesen sich oft als unberechenbar.

AUSFLUGS- UND ANDERE LOKALITÄTEN

Wollte man den Besuch einer Gastwirtschaft mit einem Naturerlebnis verbinden, boten sich in aller Regel die Berggaststätte Alteburg, die Veste Wachsenburg, die Triglismühle bei Siegelbach und die Eremitage an. Letztere bekam eines Tages Abrissarbeiter als letzte Gäste. Besonders beliebt war die Alteburg, hier gab es gute Mittagsküche, ein Caféangebot am Nachmittag und den Schlüssel für den Aussichtsturm. Hatte der Besucher diesen erklommen, lag ihm Arnstadt zu Füßen.

War es Absicht, den Kindern eine Freude zu bereiten, empfahl sich der am 7. Oktober 1956 feierlich übergebene Heimattierpark „Fasanerie", der im Nationalen Aufbauwerk, kurz NAW genannt, geschaffen worden war. Die dort betriebene

Die Berggaststätte Alteburg mit ihrem Aussichtsturm lockte zu allen Jahreszeiten

Gaststätte hatte sich bald einen guten Ruf erworben.

Besucher, die aus den umliegenden Dörfern zum Einkauf in die Kreisstadt kamen, lockte nicht selten die Ratsklause, der Thüringer Hof oder der Burgkeller zum Verweilen. Andere freuten sich über eine Erfrischung im Eisbär. Bei Weitem nicht nur „Kaffee-Tanten" trafen sich im Bahnhofscafé, im Stadtcafe oder im Konsum-Café Längwitzer Straße, früher als Café Henniger bekannt.

Blick in die Speisegaststätte Burgkeller in der Erfurter Straße

Am Abend konnte ein Gläschen Wein im Stadtcafé munden und wer dazu auch tanzen wollte, der ging in das Bahnhofscafé. Für kurze Zeit hat man – bemüht, das Niveau anzuheben – so manchen männlichen Gast verprellt. Es gab beim Einlass gegebenenfalls den strengen Verweis auf die fehlende Krawatte.

Als abendliches Ziel konnte sich auch die Wohngebietsgaststätte „Völkerfreundschaft" im Ost-Viertel anbieten, die im Zuge der Errichtung des Stadtteils Arnstadt-Ost geschaffen wurde. Gut war, vorher zu erkunden, ob nicht gerade wegen einer geschlossenen Veranstaltung alle Plätze anderweitig benötigt wurden.

Blick auf das HO-Bahnhofscafé, das wegen seiner musikalischen Darbietungen und Tanzmöglichkeiten beliebt war. Gerne wurde auch ein Kinobesuch im „Merkur" (l.) mit einem Abstecher in die Gaststätte verbunden (Sammlung R. Pahl)

Alles war auch einem Wechsel bzw. der Entwicklung unterworfen. Nicht nur, dass plötzlich das Schild „geschlossen" zu sehen war – es öffneten auch Gaststätten neu oder nach einer längeren Umbauphase fein herausgeputzt. Zu diesen gehörte unter der Galerie am Markt ab 1987 das nach der Partnerstadt Rokischkis benannte Restaurant für gehobene Ansprüche. Wenige Meter hin hatte eines Tages sogar ein Kinder-Eiscafé eingeladen.

Zur Vollständigkeit gehört es, auch die einfacheren kleinen traditionellen Gaststätten zu erwähnen. Manche waren nur Kneipen, jedoch nicht minder beliebt oder Zielort für Berufs- oder Personengruppen. Wollte man beispielsweise einen Eisenbahner treffen, empfahl sich der Gang zur Eckkneipe Güterbahnhof an der Einmündung Sodenstraße / Rehestädter Weg. Bei Weitem nicht nur bei Bahnreisenden waren die Mitropa-

Koch der Wachsenburg mit Thüringer Klößen

gaststätten im Hauptbahnhof und im Südbahnhof beliebt. Nach Umbauarbeiten wurde im Juni 1961 der ehemalige kleine Wartesaal des Hauptbahnhofs als erste Mitropa-Selbstbedienungsgaststätte des Landkreises eröffnet und gut angenommen.

Dem Leser fallen bestimmt weitere kleine und kleinste Gasträume ein, solche, die bis zum Ende der DDR ihren Bestand hatten oder früher verschwanden und auf die hier nicht näher eingegangen werden kann: Wolfsschlucht, Bierschwemme, Böhlermännchen-Bar, Michel und, und, und.

DER ÄLTESTE ORT WIRD JÜNGER

NEUBAUTEN GEGEN WOHNUNGSNOT

Der älteste Ort der DDR zu sein hatte schon etwas, allerdings bei Weitem nicht nur angenehme Seiten. Ausgebombte, Flüchtlinge, Vertriebene und eigene Kriegswunden sowie Gebäudeverfall ließen den Wohnraum knapp werden. Daran änderte sich auch nichts, als immer wieder Koffer gepackt und in Richtung Westdeutschland auf Reise gingen. Zunächst wurden im Krieg beschädigte Wohnungen wieder bewohnbar gemacht. Schließlich folgten wenige Einzelbauten und manches Vorhaben blieb zunächst ganz auf der Strecke, z. B. die Umwandlung der Kriegsruine Mützenfabrik Bachmann in ein Wohnhaus.

Im August des Jahres 1953 erfolgte nahe dem Friedrich-Ebert-Platz der eigentliche Spatenstich für den Wohnungsbau. In den Jahren 1954 bis 1963 entstanden in der Ernst-Thälmann-Straße, am Kesselbrunn, zwischen Gothaer und Ohrdrufer Straße, in der Ichtershäuser, Schwarzburger und Rudolstädter Straße neue Wohnhäuser. Zunehmend war in der Folgezeit auch von den Arbeiter-Wohnungsbau-Genossenschaften (AWG) zu hören. Den Anfang machte im September 1955 die des VEB Chemieanlagenbau mit Wohnungen in der Ohrdrufer Straße. Im Oktober 1956 berichteten Journalisten bereits von drei AWG in Arnstadt. Die 185 Mitglieder kamen außer von dem bereits genannten Großbetrieb aus dem Fernmeldewerk und von der Deutschen Reichsbahn.

Am westlichen Stadtrand setzte sich ab den 1950er-Jahren das Wachstum Arnstadts fort

Die am Stadtrand entstehenden Häuser machten die eine oder andere Familie glücklich, aber das konnte nur der berühmte Tropfen auf den heißen Stein sein. Unübersehbar das Signal, dass es schneller gehen müsse. Erste Reaktion: Auch bei der AWG wurden die Häuser höher. Zum Muster für Neuerungen wurde die Bertolt-Brecht-Straße 1 bis 7. Im Jahr 1960 machte der Begriff Großblockbauweise die Runde. Zugleich war diese Straße der erste Standort für komplexen Wohnungsbau (286 Wohnungen in traditioneller und 136 in Blockbauweise). Noch wurden die Bauwerke mit Steildächern „behütet", traditionell mit den Schornsteinen der Ofenheizungen. Die Erkenntnis, dass da, wo gewohnt wird, auch versorgt werden sollte, führte in diesem Gebiet auch zum ersten HO-Kaufhalle-Neubau, im Volksmund liebevoll „Pavillon" genannt. Seine Eröffnung Anfang Februar 1962 gestaltete sich zu einem Höhepunkt.

Mit den Bewohnern kam Leben in das Neubaugebiet, hier bei einem Kinderroller-Rennen des ADMV der Stadt ...

... oder beim Oldtimer-Slalomfahren

Recht bald zeigte sich, dass trotz aller Neubauten die Listen der nach einer Wohnung Suchenden immer länger wurden und der Mangel an Wohnraum wohl noch lange Zeit ein ernstes Problem sein würde. Die zwei sich entwickelnden Großbetriebe im Norden der Stadt sorgten auf ihre Art für Bevölkerungswachstum. Mit den steigenden Beschäftigtenzahlen hatten immer mehr Menschen den Wunsch, von den umliegenden Orten nach Arnstadt zu ziehen.

In den Jahren 1956 bis 1976 entstand das Neubaugebiet Karl-Liebknecht-Straße / Reichpietschstraße.

Als der Neubau in Arnstadt-Ost richtig in Schwung kam, mussten selbst vereinzelt zwischen Gärten und Scheunen stehende Wohnhäuser weichen. Im Hintergrund die „Wohnscheibe", der erste und einzige Elfgeschosser der Stadt

Der staatliche Wohnungsbau kam immer mehr in Gang. Großflächig wurden Kleingärten mit der Planierraupe „bearbeitet" und am Rand der sich ausdehnenden Stadt neu angelegt. Privater Grundbesitz verwandelte sich quasi über Nacht in Baufläche für das Wohnungsbauprogramm mit industrialisierter Montage. Von „sozialistischen Wohnkomplexen" wurde bald gesprochen.

WOHNANSPRÜCHE STIEGEN

Mit Schwerpunkt in der Zeit 1963 bis 1976 nahm in mehreren Abschnitten Arnstadt-Ost Gestalt an. In unterschiedlicher Bauweise entstanden rund 2000 Wohnungen. Die Wohnscheibe als besonders markanter Bau wurde um 1970 fertiggestellt (264 WE). Dazu kamen Gesellschaftsbauten: Zwei Polytechnische Oberschulen (1970–1973), zwei Kinderkombinationen (1970–1973) sowie eine Kaufhalle (1972). Schnell hatte es sich herumgesprochen, dass hier das Einkaufsglück größer sei und die Bevölkerung fand ihren Begriff: „Blaues Wunder". Es folgten eine Sporthalle (1972), die Wohngebietsgaststätte „Völkerfreundschaft" (1977) und ein Feierabend-Pflegeheim (1980) nahe dem Dornheimer Berg. Den Schlusspunkt setzten die Bauarbeiter mit einem Appartementhaus (1984) am Parkweg / Ilmenauer Straße. Ähnelten am Dornheimer Berg die ersten Häuser in Außenansicht und Heizung denen der Bertolt-Brecht-Straße, so gab es bald einen für die damalige Zeit weiteren Fortschritt: Fernheizung. Das Startzeichen gab das Heizwerk Arnstadt-Ost (1968).

Mit dem Wachsen der Stadt wurde auch das Busnetz erweitert, hier eine Haltestelle in Arnstadt-Ost

Ab 1973 war mancher Sonntagsspaziergang damit verbunden, sich beim nächsten Wohnungsbau-Standort vom Baufortgang zu überzeugen. Im Bereich Goethe- / Schillerstraße ist in rascher Folge Block um Block errichtet worden. Bis 1978 entstanden rund 1300 Wohnungen und wieder waren es in guter Nachbarschaft solche der Wohnungsbaugenossenschaften und des städtischen Wohnungsbaus. Wie in der ganzen DDR üblich, folgten Gesellschaftsbauten: Schule, Kaufhalle, ein Mehrzweckgebäude mit Dienstleistungszentrum, Poliklinik und Post. 1983 verkündeten die Bauarbeiter die Erfüllung ihrer Aufgabenstellung.

Schillerstraße in Arnstadt-West, links im Hintergrund die Bertolt-Brecht-Straße

Bald drangen mal wieder Gerüchte von Einwohner zu Einwohner. Das sei es gewesen, hieß es. Dann verkündeten selbst offizielle Stimmen: In Arnstadt gibt es eine Pause beim Wohnungsbau, andere Städte hätten jetzt Vorrang.

Die Verantwortlichen schienen in einer unlösbaren Herausforderung gefangen. Je mehr gebaut wurde, desto größer wurde die Nachfrage. Nicht nur die Familien waren gewachsen, auch die Ansprüche.

Immer mehr wollten die bisherigen Wohnverhältnisse gegen

eine der modernen Ein-, Zwei-, Drei- oder Vierzimmerwohnungen mit in der Wohnung liegendem Bad und WC und Fernheizung und warmem Wasser tauschen. Die Wünsche wurden genährt, hatte doch die Partei- und Staatsführung versprochen, das „Wohnungsproblem" als sozialpolitische Herausforderung bis 1990 zu lösen. Zeitgleich wurden in der Altstadt immer mehr Wohnungen unbewohnbar.

Hoffnung für alle die, die weiter eine Wohnung suchten, gab eine im Jahr 1977 veröffentlichte Broschüre des Bezirksbauamtes beim Rat des Bezirkes Erfurt. In ihr war Arnstadt ein ganzes Kapitel gewidmet. Da ist von der Neutrassierung der Fernverkehrsstraße 4 die Rede, das Einrichten von Fußgängerzonen und der Erhalt historischer Straßen und Platzräume wird erwähnt.

Auf heißes Wasser „aus der Wand" wollten viele bald nicht mehr verzichten

Zur Innenstadt ist zu lesen: „Der Übergang zu den Neubaugebieten ist mit der Umgestaltung des nördlichen Teils der Innenstadt zwischen Wachsenburgallee und dem Gebiet ‚An der Weiße' städtebaulich und architektonisch zu lösen."
Industrieansiedlungen sollen vor allem rechts und links der Ichtershäuser Straße erfolgen, war zu lesen. Es wird angemahnt, in diesem Bereich eine „geordnete Bebauung durchzusetzen". Selbst stadtnahe Erholungsgebiete finden Berücksichtigung, dazu Grünverbindungen und

Blick in eine der vom Marktplatz herabführenden Gassen zur Weiße (2 Fotos H. Greßler)

Beginn der teilweisen Neubebauung der Straße „An der Weiße"

vieles mehr. Die Einwohner durften gespannt sein, was Wirklichkeit werden würde.

Kinder freuten sich (die Erwachsenen weniger) über die noch nicht fertig gestalteten Außenanlagen – Haufen von Bausand wurden kurzerhand zum Spielhügel

Das verkündete Kürzertreten in Arnstadt war kurz und begleitet von Lückenbebauungen in der Innenstadt. Für manch einen überraschend, erfolgte schließlich 1979 die Schaffung von Baufreiheit für den Wohnungsbau in der Schönbrunn- / Tambuchstraße.

„MENSCH – ARNSTADT LIEGT EUCH ZU FÜSSEN!"

Dann fiel die Entscheidung, einen ganzen Stadtteil im Südosten zu errichten – oberhalb der Stadt, wieder mit allen begleitenden Einrichtungen. Ab 1984 ging es rund. Es wunderte niemanden, dass die ersten Möbelwagen noch über Baustraßen rollten – so weit sie eben kamen. Die ersten Mieter taten gut daran, sich für schlechtes Wetter spezielles Schuhwerk zu kaufen. Umso stolzer zeigten sie ihren ersten Gästen im neuen Zuhause nicht nur die Zimmer, sondern auch den Ausblick. Häufig war der mit einem Unterton von Neid begleitete Ausspruch zu hören: „Mensch – Arnstadt liegt euch zu Füßen!"

Blick vom Dornheimer Berg auf das Wohngebiet Arnstadt-Ost Richtung Westen, im Hintergrund links der Neideckturm, am Horizont die Wachsenburg, r. hinter der Wohnscheibe der Wasserturm

Das Bautempo erforderte nicht nur Stiefel für schlechtes Wetter, sondern auch einen außergewöhnlichen Transport. Die Deutsche Reichsbahn musterte zu der Zeit im großen Stil Dampflokomotiven aus. Für ein Provisorium im Heizhaus könnte eine solche Lok gute Dienste leisten, meinte ein findiger Kopf. Eines Tages rollten, sicher verladen auf einem Spezialtieflader, zwei Dampfrösser zum Rabenhold. – Einst hatten sie Schnellzüge nach Berlin oder an die Ostsee gezogen. Erst 1986 wurden sie endgültig außer Dienst gestellt, ein Kraftwerk ging in Betrieb.

Verjüngung gab es schließlich, wie schon angedeutet, auch in der Innenstadt, nicht ohne Widerspruch und für den einen oder anderen schmerzlich. Zwischen der Weiße und dem Prinzenhof, südlich begrenzt vom Rathaus, machten sich zunächst Vermutungen und eines Tages Planierraupen breit. Die Volksseele kam in Unruhe, wollte einerseits besser wohnen und andererseits Gewohntes nicht verlieren. Dabei standen zahlreiche Wohnungen, vor allem in den Gassen, schon lange wegen Un-

Von einem sicheren Punkt oberhalb des „Gassenviertels" beobachten Arnstädter, wie sich das Antlitz ihrer Stadt veränderte

bewohnbarkeit leer. Gründe dafür gab es viele. Andere Häuser, vornehmlich längs des Straßenzugs An der Weiße, waren keineswegs Abbruchkandidaten – Erinnerungen werden wach an Bäcker Zeuner und die Lebensmittelhandlung Gebauer mit ihren Spezialitäten.

In Etappen hat der Abbruch 1980 in der Schulgasse begonnen und sich über längere Zeit hingezogen. Schließlich ging es doch schnell. Im Rahmen einer „Übung" wurde alles eingerissen, zusammengeschoben, was auf Schuttbergen übrig blieb, abtransportiert. Kaum war der Rest weg, kamen die ersten Montagekräne für die Plattenbauten. Am 04. Oktober 1985 erfolgte die Grundsteinlegung für den ersten Block, ein Jugendobjekt. Ein Jahr später wurde mit der teil-

Alles wurde von den Arnstädtern aufmerksam verfolgt, den Zaungästen entging nichts

weisen Neubebauung in der Karl-Marien-Straße begonnen.

Manches Detail zur Umgestaltung des Stadtzentrums und der Weiterentwicklung der Stadt blieb auf der Zeitschiene oder wurde wohl Opfer der Möglichkeiten. – Da änderte auch nichts, dass die Ideen von Studenten der Hochschule für Architektur und Bauwesen in Weimar stammten. Ein Kaufhaus und manches mehr wurden zur Fata Morgana. Da, wo einst der Weg durch die Johannisgasse führte, begleitet von den Gerüchen der dortigen Geschäfte: Pelzwaren von Poetzsch, Drogerieartikel, Mohrings Gemüse und Obst, wehen heute die Benzindüfte eines Parkplatzes oder die Brise auffrischenden Windes.

Manches Detail der Geschichte ging verloren. Dieser Hirsch zierte die 1782 eröffnete Gaststätte „Zum wilden Mann", später „Jägerhof". Die Gastwirtschaft wurde 1960 geschlossen, letzter Nutzer war der VEB SERO mit einer Annahmestelle für Altpapier, Glas und anderes

Manche Pläne aber wurden auch konsequent bis zum Ende weitergeführt, z. B. der neue Stadtteil im Südosten. Hier fügten sich die letzten Platten noch zu Wohnungen, als die Arnstädter Bundesbürger wurden.

Blick von der Marktplatz-Südseite auf das Rathaus

EIN HAUS MIT LEBEN

KLASSIK, HEITERE MUSE UND KRAFTSPORT

Die Wunden des Kriegs begannen zu vernarben, die Bevölkerung wollte sich wieder erfreuen. Nach wechselvoller Geschichte zog in das Kulturhaus in der Lindenallee neues Leben ein. Die Einheitsgewerkschaft FDGB übernahm das Haus 1949 pachtweise, hatte damit zugleich Büroräume gefunden. Zeitgemäß lautete der neue Name „Haus des Volkes", obwohl es zunächst weiter einer der Arnstädter Brauereien und damit der Familie Mergell gehörte. 1954 wurde die Brauerei schließlich zum VEB und das große Kulturhaus kam unter die Verwaltung vom Rat des Kreises. Noch im selben Jahr folgte die Übergabe an einen der beiden Großbetriebe vor den Toren der Stadt, den VEB Chemische Maschinenbauwerke Rudisleben. Dieser hatte gerade sein modernes Klubhaus in der Polte II, einem ehemaligen Rüstungsbetrieb, verloren. Dort und im umgebenden Gelände meldete die sowjetische Armee Bedarf an.

Wieder, wie schon so oft in seiner bis in die erste Hälfte des 19. Jahrhunderts zurückreichenden Geschichte, bekam der Bau in der Lindenallee eine Verjüngungskur. Dafür standen 149 000 Mark Baukosten zur Verfügung. Weitere 5000 Mark konnten für das Mobiliar ausgegeben werden. Dann erwartete das neue Haus seine Gäste.

Unten links befand sich die HO-Gaststätte, mit holzvertäfelten Wänden und Decken und angeschlossener Küche sowie einem Gastzimmer. In diesem zog ein großes Aquarium die Blicke an. Eine zusätzliche Theke gab es für den kleinen Saal. Dieser grenzte direkt an den großen 14 Meter breiten und 18 Meter langen großen Saal mit Empore und Bühne und war mit diesem über mehrere große sogenannte Ziehharmonika-Türen verbunden. Dann reichte das Platzangebot für rund 700 Personen. In der oberen Etage hatte die Klubhausleitung ihren Sitz, flankiert von Technikräumen.

Über viele Jahre ist hier auch der Kulturbund zu Hause gewesen. Zudem gab es diverse Klub- und Beratungsräume. Abgerundet wurde das Raumangebot mit einem Gartensaal mit etwa 80 Plätzen.

Manche Bekanntschaft nahm ihren Anfang bei einer der zahlreichen Tanz- oder Unterhaltungsveranstaltungen. Hier wurde getagt und beraten, präsentiert,

Blick in den Club- und Fernsehraum (4 Fotos Archiv Uting)

Die Klubräume wurden auch für Schulungen genutzt

gefeiert. Selbst national und international bekannte Gäste traten auf. Hier gab es für derartige Räume geeignete sportliche Wettkämpfe, Jugendweihe- und Festveranstaltungen, Betriebsfeiern, kleine Messen (z. B. Messe der Meister von morgen). Selbst Sitzungen des Kreistags haben hier stattgefunden. Nicht minder lebendig ging es in der oberen Etage zu: Buchlesungen, Zirkeltreffen, künstlerische Tätigkeiten der verschiedensten Art.

KULTURHAUS MIT PATENSCHAFTEN

Mit mehreren kleineren Betrieben der Stadt hatte das Kulturhaus Patenschaftsverträge geschlossen. Zu diesen gehörten u. a. der VEB Leder- und Handschuhfabrik, der Kreisbaubetrieb und die Firma Ohrenschall & Andreß. Ziel war es, auch den Beschäftigten kleinerer Unternehmen eine Teilhabe am kulturellen Leben des Kreiskulturhauses zu ermöglichen.

Viele Arnstädterinnen und Arnstädter fanden sich hier nicht nur, um unterhalten zu werden, sondern um selber kulturell tätig zu sein. Einer Broschur des Hauses mit dem Titel „Kulturangebot" ist zu entnehmen, dass sich mehr als 20 Gruppen getroffen haben. Die Bandbreite reichte vom FDGB-Chor der Chema über Orchester sowie Tanzkapellen und diverse andere künstlerische Zusammenschlüsse bis hin zu diversen Zirkeln. Schauspieler konnten zudem im Arbeitertheater mitwirken. Regelmäßig trafen sich hier die Angehörigen vom „Zirkel schreibender Arbeiter" sowie der Mal- und Zeichenzirkel um Otto Knöpfer.

Ensemble HEITERE MUSE, Träger der Medaille „Ausgezeichnetes Volkskunstkollektiv der DDR"

Einer der Höhepunkte: Aufführung der 9. Sinfonie von Beethoven – ein gemeinsamer Auftritt des Kreiskulturorchesters und der vereinigten Chöre der Chema und des RFT-Fernmeldewerks sowie der Erweiterten Oberschule Arnstadt

Zudem gab es in Abstimmung mit der Abteilung Volksbildung beim Rat des Kreises und der FDJ einen Schülerclub. Das Haus vermietete nicht nur Säle, z. B. für Betriebsfeiern und große Jubiläen, es bot auf Wunsch auch ein komplettes Unterhaltungsprogramm. Das „Ensemble der heiteren Muse" konnte sich durchaus hören und sehen lassen. Dessen Angebot reichte von einzelnen unterschiedlichen künstlerischen Darbietungen bis zum abschließenden Tanzabend. Ein besonderes Augenmerk galt den Kindern. Die Klubhaus-Leitung wäre wohl „rundgemacht worden", hätte sie nicht spezielle Angebote für die Jüngsten unterbreitet. Diese reichten von „selber tätig werden" bis hin zu „sich unterhalten lassen" – z. B. durch das bunte „Pionier-Magazin". Verantwortlich für die kulturellen Angebote in 40 Jahren zeichneten Willy Uting, Egon Budowsky, Lothar Geyer und Ullrich Bocklisch.

Auf der Bühne des großen Saals gab es neben kulturellen Ausscheiden auch sportliche Wettkämpfe. Unser Bild zeigt die DDR-Bestenermittlung im Kraftsport

Nach den politischen Veränderungen 1989/1990 wurde das Haus an die Mergell-Erben zurückübertragen. Schließlich fand sich einer, der das letzte Licht ausmachte und eines Tages die Liegenschaft den Abrissbaggern übergeben hat.

EINE LEBENDIGE STADT

„VERSUCH'S DOCH MAL BEI HOLZENS"

Die Arnstädter Straßen spiegelten pulsierendes Leben. War es in den ersten Jahren nach dem Weltkrieg, weil der Mangel alles beherrschte, dass die Menschen immer auf der Jagd, etwas suchend, die Straßen der Stadt bevölkerten? Oder ist das „weil" durch ein „trotzdem" zu ersetzen? Waren es andere Ursachen oder einfach eine Summe von Einflüssen? Egal – ob in den Hauptgeschäftsstraßen oder in den etwas am Rand gelegenen, wie etwa Lessing-, Ohrdrufer, Längwitzer, Stadtilmer und Rosenstraße, auf den Plätzen und Märkten, überall waren Menschen unterwegs. Alle Angebote waren gut über die Stadt verteilt: Bäcker, Fleischer, Lebensmittelgeschäfte, Drogerien, Apotheken, Spezialgeschäfte für Stoffe, Bekleidung unterschiedlichster Art und viele kleine Dinge, dazwischen Friseure, Fotoateliers und andere Dienstleister, Goldschmiede und viele mehr. Eine ganz andere Frage war, dass es nicht alles gab, selbst dann noch nicht, als vieles besser wurde.

Eines der zahlreichen Geschäfte für Schuhe: Kästner am Holzmarkt. Später hat hier die HO Haushaltswaren angeboten (Sammlung R. Pahl)

Wenn etwas für den täglichen Gebrauch im Haushalt benötigt wurde und alle Bemühungen erfolglos waren, schnappte ich manchmal auf, dass die Erwachsenen Tipps austauschten. Etwa: „Hasde bei Schulzens auf dem Holzmarkt schon gefragt? oder: Versuch's doch mal bei Holzens in der Rosenstraße." Ein anderer Hinweis lautete „Geh doch mal aufs Ried zu Schnell". Wurde letzterer Rat befolgt, stand man schließlich in dem großen Geschäft mit beeindruckenden dunklen Holz-Ladenmöbeln. Viele Schubkästen zierten die Fläche – offensichtlich für jede Schraubenart, jede Nagel- oder Mutterngröße einer. War die Nachfrage nicht gleich von Erfolg gekrönt, gab es keinen Grund aufzugeben. Mit einem

„Na, warten Se mal" verließ der Verkäufer den sichtbaren Bereich. – Woanders gab es weitere Schubfächer und Kästen.

ZIGARETTEN ZUM STÜCKPREIS

„Na bitte, ich wusste es doch …", hörte man wenig später schon von Weitem. Das gewünschte Stück kostete mitunter nur Pfennige. Gefragtestes Verpackungsmittel waren selbst in diesem Fall kleine Tütchen, denn viele der Kunden gaben sich bei Schrauben und dergleichen oft mit 10 Stück oder noch weniger zufrieden. In einem anderen Laden kamen in ähnliche Tüten Zigaretten zum Stückpreis. Später wurden sie selbstverständlich schachtelweise gekauft.

Bei der Frage nach Drogerieartikeln lautete der freundliche Hinweis: „Das bekomms'de nur bei Gerig."

Eines der beliebtesten Lebensmittelgeschäfte war das von Hermann Jacobi (l.) in der Längwitzer Straße (Foto E. Hoffmann)

Nur wenige wussten, dass das Schaufenster von Foto-Iser in der Marktstraße bis weit in die DDR-Zeit noch die Merkmale des Kriegs zeigte: extrem verkleinerte Schaufenster (Archiv Straszim)

Derartige Tipps gab es auch nach der Eröffnung des HO-Kaufhauses Längwitzer Straße / Längwitzer Mauer am 30. Mai 1949. Unbestritten, die neue Einkaufsstätte weckte Hoffnungen. Entsprechend groß war der Andrang. Glücksritter des Tages war der 13-jährige Manfred Schröder aus dem Gartenweg. Von ihm berichtete wenige Tage später das „Thüringer Volk" auf seiner Lokalseite, dass er der erste Käufer gewesen sei. Zuvor entnahm er seiner Sparbüchse Geld für ein Paar Kniestrümpfe. „Hocherfreut", so die Zeitung, „zog er dann mit seiner Ware davon." In der Tat, manch einer musste erst einmal sparen, um dort einkaufen zu können.

Wenn plötzlich Geschäfte geschlossen waren, gab es Botschaften hinter vorgehaltener Hand: „Na, die sind doch auch weg – abgehauen." Wieder andere Inhaber hatten einfach aufgegeben. Trotzdem, die Anzahl der unterschiedlichsten Geschäfte blieb relativ groß und gut über die Stadt verteilt. Zugenommen hatten die Läden von Konsum und HO (Handelsorganisation). Mit diesen neuen Angeboten zog für kurze Zeit die Leuchtreklame auch in Arnstadts Straßen ein – die Abende wurden bunter, verbreiteten beinahe einen Hauch von Großstadt.

Für viele zunächst unbemerkt, wurden ab Mitte der 1960er-Jahre bislang private Kaufleute „Kommissionshändler". Ihre Fähigkeit zu organisieren und Fleiß machten sie zu einer wichtigen Stütze bei der Versorgung mit Waren des täglichen Bedarfs. Größtes Lob waren für sie zufriedene Kunden. Von diesen bekam z. B. der traditionsreiche Familien-Tante-Emma-Laden von Hermann Jacobi liebevoll die Bezeichnung „Mini-Kaufhalle". Gemessen an der Verkaufsfläche ließ der Umsatz sogar die Direktion der HO staunen.

Der Selbstbedienungsladen „tempo"
des Konsum in der Erfurter Straße
(Archiv Straszim)

Immer wieder änderten sich die Angebote. Wo es baulich möglich war, wurden Verkaufsräume erweitert, zusammengelegt, auch mal neu gebaut. Andere Geschäfte entstanden durch die Verdrängung von Gaststätten.

In großer Aufmachung wurden eines Tages Radios, erste Fernsehgeräte, Plattenspieler und Tonbandgeräte angeboten – zunächst verbunden mit Schlange stehen, einer guten Empfehlung oder Beziehungen. Die Freundlichkeit in den Läden war nicht immer gleich gut. Der Verkaufsstellenleiter Metzler, angestellt beim Konsum, war freundlich, als sei es sein eigenes Geschäft. Noch „Private" überraschten oft, mit wie viel Einfallsreichtum gerade sie besonders Gefragtes heranschafften und zwar so viel, dass sie es ganz offiziell verkaufen konnten. Mal waren es Strümpfe, dann Unterwäsche einer bestimmten Qualität, Sammeltassen, Bleikristall und zu Weihnachten Pyramiden „original Erzgebirge". Heißer Tipp dafür: „Geh zu Schlegelmilch / Buhl in der Erfurter Straße."

Später war die DDR wirtschaftlich so entwickelt, dass die Auslagen etwas reichlicher wurden. Vollkommen aber präsentierten sich die Angebote kaum und sie beinhalteten nicht immer das, was man zur Leipziger Messe entdeckt hatte. Im Schaufenster „Werbefernsehen" der Sender, die man ja eigentlich nicht gucken sollte, sah ohnehin alles üppiger und moderner aus …

Wahre Schätze konnte man zu günstigen Preisen in der Volksbuchhandlung oder bei Jost (u. B.) am Markt bekommen

INTERSHOP – GERADEZU DAS PARADIES?

Diese Schaufenster waren immer schöner und reicher dekoriert als die eigenen. Schließlich kamen die verlockenden, fremd anmutenden Angebote in kleinsten Happen auch nach Arnstadt, über Umwege zwar und längst nicht für alle. Zunächst nur im Norden der Republik, in Berlin oder an Transit-Knotenpunkten, konnte mit staunenden Augen entziffert werden „Intershop". In der „Bierschwemme", einem zeitweilig berüchtigten Bierlokal nahe dem Hauptbahnhof, eröffnete Arnstadts erster Intershop. Hinter der Tür vermuteten viele geradezu das Paradies.

Im Anschluss an Fahrten nach Berlin, später reichte schon der Ausflug in die Bezirksstädte, lautete immer wieder die Frage: „Wieso die und wir nicht?" Die neuen Begriffe: „Jugendmode", „Delikat" und „Exquisit". Letzterer, speziell für Bekleidung, öffnete am Markt / Ecke Kohlgasse. Der „Delikat" auf dem Holzmarkt verlockte manch einen dazu, mit Stolz zu verkünden, dass er das, was er aus dem Fernsehen kannte, nun bekommen habe: Besondere Schokoladenerzeugnisse, gute Tropfen, Delikatessen, Importe für die Zunge.

Begehrte Renner waren immer wieder moderne Geräte der Heimelektronik, hier ein RFT-Gerät, das westlichen Erzeugnissen ähnelte

Vor allem bei HO und Konsum gab es moderne Haushaltgeräte

Zunächst wussten es die Wenigsten: Ein bedeutender Teil der Waren kam aus DDR-Betrieben entweder als Spitzen-Eigenentwicklung, hoch veredelt und zunächst nur für den Export, oder als „Gestattungsproduktion" in Vereinbarung mit Firmen aus dem „kapitalistischen Wirtschaftsgebiet". Die hier nicht vollständig wiedergegebene Palette reichte von Trumpf-Schokoladenerzeugnisse über edle Brände bis hin zu Konservendelikatessen. Im „Exquisit" verlockten Parfüm, Salamander-Schuhe aus dem nahen Erfurt oder Weißenfels, modische Obertrikotagen …

KAUFHÄUSER, HANDWERKER UND PRIVATE GESCHÄFTE

Während die verbliebenen Fleischer und Bäcker schon beinahe trotzig ihre Eigenständigkeit bewahrten, schlossen sich andere zu Produktionsgenossenschaften des Handwerks (PGH) zusammen. Zu diesen gehörten die Friseure. Über mangelnden Zulauf konnten sie sich nie beklagen. Zum einen wollten Frau und Mann schön sein, und zum anderen hatten sich die günstigen Preise dieser Dienstleistung herumgesprochen. Ich weiß von Westbesucherinnen, die schon am Tag nach der Ankunft erst einmal die PGH-Friseure aufgesucht haben. Der immer gleiche Kommentar: „Nein, so etwas von preisgünstig, bei uns unvorstellbar!"

Viele der Wege in die Stadt hatten zum Ziel, etwas reparieren zu lassen. Besonders begehrt waren Schuhmacher, und später deren PGH, Uhrmacher, Werkstätten für Radios und Fernsehgeräte und selbstverständlich die für Autos. Es gab beinahe nichts, das nicht repariert werden konnte und sollte – vorausgesetzt, die Ersatzteile waren da oder konnten besorgt werden.

Blick in einen Salon der PGH-Friseure (Foto E. Huber)

Wenn auch nicht an einer Hauptstraße gelegen, ein besonderer Magnet war das Konsumkaufhaus in der Rosenstraße. Nach Eugen Fröbel und Margit Kummer leitete hier ab 1979 Martin Wendl die Geschicke. Er war Spross eines unter alten Arnstädtern geschätzten Bekleidungshauses. Er übernahm diese Aufgabe im Alter von 24 Jahren, war zu der Zeit der jüngste Konsum-Kaufhausleiter im gesamten Bezirk Erfurt. Wie er schmunzelnd selber sagte, fühl-

Alle hatten gut zu tun, auch die PGH-Schuhmacher

te er sich als „Herr über 36 Frauen – viele waren stundenweise tätig – und zwei Männer". Bereits seine Vorgängerin war bemüht, über den Verkauf hinaus einen guten Kontakt zur Kundschaft zu pflegen, so plauderte sie im Arnstädter Kreisecho über Modetrends und entwickelte die Idee von Haus-Modenschauen. Dies wurde weitergeführt und durch Neues ergänzt. Für jedermann deutlichstes Zeichen war der Umbau des Hauses und dessen Wiedereröffnung im Oktober 1982. Eines hatten alle Abteilungen gemeinsam, für die damalige Zeit moderne Ladenausstattung, darunter auch der eine oder andere Hingucker. Helfer bei dieser Umgestaltung war der VEB Handelstechnik Arnstadt.

Die Blicke der Kundschaft konnten nun durch die Schaufenster bis in die Verkaufsräume des Erdgeschosses schweifen – Kurz- und Lederwaren, Obertrikotagen, eine Wäscheabteilung, Raumtextilien waren zu erkennen. Nur die Abteilung Herrenoberbekleidung gewährte keinen Einblick, sie präsentierte sich dafür voll im Obergeschoss.

Konsum-Kaufhausleiter Wendl im Gespräch mit einer Kundin (Archiv Wendl)

Und wo kaufte man noch ein? Beliebt waren das „Haus der Dame" am Holzmarkt, diverse Kommissionshändler, ja sogar an das Kinderkaufhaus wird sich erinnert.

Das „IFA-Autohaus der Stadt" hingegen versteckte sich, erfreute vor allem mal mit Ersatzteilen und nahm gerne Bestellungen entgegen – für Lieferung irgendwann. Und doch boten die Straßen die eine oder andere Autoschau. Was man da zu sehen bekam, war beachtlich und reichte vom aufgemotzten Liebhaberstück über Träume hervorrufende Importe bis hin zu solchen, die sich bei Testfahrten von Eisenach nach Arnstadt verirrten, aber nie gebaut worden sind. – Immerhin, es gab sie, die Ideen.

Der Wartburg mit derartigen Doppelscheinwerfern, hier auf dem Riedplatz abgestellt, kam aus einer Tüftlerwerkstatt

Auch dieser „Erlkönig" aus dem Versuchsbau des Automobilwerks Eisenach verirrte sich nach Arnstadt. Nur wenige konnten wissen, dass dieser einmal eine Idee für den „Wartburg 313/2" gewesen ist

Den Aufmerksamen auf Arnstadts Straßen ist so manches aufgefallen. Vieles veranlasste zum Schmunzeln, anderes stimmte nachdenklich, nun ist es Erinnerung und ermuntert zugleich, auch heute mit offenen Augen durch die Stadt zu gehen.

Blick ins Schaufenster (Foto H. Greßler)

Passantin vor Reklame an einem Gemüsegeschäft

Mancher Appetit konnte eben nicht befriedigt werden (Foto H. Greßler)

Egal ob alle Wünsche befriedigt werden konnten oder nicht und die Angebote wechselten oder über Jahre nahezu unverändert geblieben sind, all die Jahre herrschte Leben in der Stadt – Geschäft an Geschäft. Nach Hause ging man mal mehr, mal weniger zufriedengestellt. Mancher Weg hatte sich auch als umsonst erwiesen. Dann wieder überwog das Glück, alles bekommen zu haben.

Im Sommer 1990 kam die D-Mark, die Geschäfte dekorierten um, neue Waren drängten in die Regale, manches Geschäft blieb auch geschlossen

GELIEBT UND VERBANNT

DAHLIENSCHAU IM STADTPARK

Dass die Arnstädter ihren Schlossgarten und ihre Alleebäume nicht geliebt hätten kann keiner sagen. Es war die zwingende Not, die sie dazu trieb, in den letzten Kriegsjahren und unmittelbar danach vieles zu Brennholz zu machen. Ja selbst zum Anlegen von Beeten zum Zwecke der Eigenversorgung wurden Parkflächen genutzt. Als die Ordnung ins Leben zurückkehrte, wurden bald neue Bäume in die Erde gebracht. Im Schlossgarten, der von nun an auch Stadtpark genannt wurde, entstand so längs des Verbindungswegs von der Bahnhofstraße zum Theater teilweise eine neue Allee.

Dicht gedrängt gingen die Menschen durch die neue Allee hin zu Volksfesten und Konzerten

Bald gab es Ideen, den Park immer moderner und farbiger zu gestalten, Wege wurden neu angelegt, gesäumt von Blumenrabatten, dazwischen Bänke für Verliebte und Mitbürger, die sich einfach nur ausruhen wollten. Zu einem kulturellen Höhepunkt in dem sommerlichen Stadtpark gestalteten sich recht bald die Wandelkonzerte mit dem Stadt- bzw. Kreiskulturorchester. Arnstädterinnen und Arnstädter flanierten auf den Wegen, hielten an, um sich mit Bekannten zu unterhalten und schließlich mit einem freundlichen „Auf Wiedersehen" auseinanderzugehen – weiter den Konzertklängen lauschend. Beinahe automatisch wurden die Schritte wieder zum Theaterplatz gelenkt, wo auf dem Dach über dem Eingang hinter einer Brüstung das Orchester aufspielte. All das war möglich in einer Zeit knappen Geldes, nur wenige Jahre nach dem Zweiten Weltkrieg. Arnstadts Gärtner konnten noch mehr, sie zauberten die weit über die Stadtgrenzen bekannt gewordenen Dahlienschauen. Vorausgegangen war eine denkwürdige Beratung im Stadtrat. Am 27. Juni 1951 wird dort festgehalten: „Es ist geplant, eine Dahlienschau im Stadtpark durchzuführen. Die Kosten würden etwa 5000,- DM betragen." Auftakt sollte schon am 15. September sein.

Arnstadts Gärtner zauberten über Jahre immer gleich beeindruckende und doch immer wieder neue Dahlienfelder

Über 10 Jahre wurde die Veranstaltung immer professioneller. Bald schon lockten nicht nur die Dahlien, sondern auch die Art und Weise, wie die Blumen nach Einbruch der Dunkelheit in Szene gesetzt worden sind. Verantwortlich dafür war der VEB Elektrobau.

„ACH, KÖNNTE ICH WOHL EINE KLEINE KNOLLE HABEN?"

Manch einer ging Tag für Tag, auch nachdem die offizielle Schau längst

Geschichte war, in den Park. Schier ängstlich wurde nach der Freude das herbstliche Vergehen beobachtet. So wurden nicht nur Liebesbeziehungen zwischen Menschen geknüpft, nein – auch zu Blüten. Als der Frost nahte und die Gärtner die Knollen aus dem Boden nahmen, um sie einzulagern, war manche Liebe so groß, dass der eine oder andere Dahlienfreund allen Mut zusammennahm und fragte: „Ach, könnte ich wohl eine kleine Knolle haben?"

In der Tat, ein Teil der Knollen durfte von den Gärtnern, die die Beete auch zur Vermehrung nutzten, vor Ort verkauft werden. So sah man mitunter einen glücklich davonziehenden Menschen. Ja, er hatte wohl wirklich ein besonderes Glück, denn eigentlich waren die Knollen ja der Grundstein für die nächste Einladung zur Dahlienschau in Arnstadt oder dienten der Vermehrung.

Die Plaketten aller Jahrgänge waren aus Lederresten gefertigt, hier die des Jahres 1961

Gedacht war die Dahlienschau offiziell als gemeinsames Volksfest der Werktätigen und der Bauern des Kreises. Für die meisten war es einfach „nur" ein Höhepunkt im Jahr und eine Gelegenheit zusammenzukommen. Unter diesen waren auch Freunde Arnstadts, die es irgendwann in die Ferne verschlagen hatte.

Bemerkenswert ein Satz von Bürgermeister Gerhard Brendel in seinen Begrüßungsworten 1960:

„… Ein besonderer Gruß gilt unseren Brüdern und Schwestern aus Westdeutschland, die während dieser Zeit in den Mauern unserer Stadt weilen und mit teilhaben sollen am Fest unserer Werktätigen." (Kulturspiegel 09/1960, S. 2)

Alljährlich stand das kulturelle Programm von Anbeginn in seiner bunten Vielfalt den Dahlien kaum nach. Neben kulturellen Gruppen aus dem Landkreis traten auch aus Funk und Fernsehen beliebte Künstler auf, oder solche, die bei der Konzert- und Gastspieldirektion unter

Vertrag standen. Am Abend des 3. September 1961 lauschten nach der Eröffnung durch Bürgermeister Brendel etwa 7000 Einwohner Arnstadts und ihre Gäste den Darbietungen von Herbert Roth und seinen Mitwirkenden. Viele stimmten in das „Rennsteiglied" ein. Am nächsten Vormittag erfreute das Arnstädter Opern-Studio und nach dem Anwachsen der Besucherzahl am Nachmittag waren es abends zu einem Programm der Konzert- und Gastspieldirektion gar 14000, die das Karree am Theater säumten. 1953 sorgte ein sowjetisches Armee-Ensemble für Begeisterung.

„DER FALKNER" – ZURÜCK AUS HAMBURG

Zum Motto der Dahlienschauen „Die Welt kann nur im Frieden blühen!" passte die Wiederaufstellung der Bronzeplastik „Der Falkner" im Eingangsbereich zum Stadtpark an der Bahnhofstraße im Jahr 1955. Von Bildhauer Hinkeldey geschaffen, war sie im Zweiten Weltkrieg verschwunden, sollte für Rüstungszwecke eingeschmolzen werden. Das Glück wollte es, dass die Figur auf einem Schrottplatz in Hamburg wiederentdeckt wurde. Auf dem Verhandlungsweg war es in der Zeit des aufkommenden Kalten Kriegs gelungen, die Bronzeplastik zurück nach Arnstadt zu bekommen.

Einmal hatte die Dahlienschau auch eine bedauerliche Schattenseite: Am 6. September 1959 konnte die Fußgängerbrücke über die Gera, die in der Nähe des Bades eine Verbindung zu Arnstadt-Ost darstellt, der Belastung nicht standhalten. Es gab Verletzte und wie üblich, noch mehr Gerüchte.

Zur Gewissheit wurde aber eines Tages, zum Kummer der Arnstädter Bevölkerung, dass es die Dahlienschau nicht mehr geben würde. Über die Gründe halten sich bis zur Gegenwart hartnäckig die unterschiedlichsten Vermutungen. Wie so oft, es wird wohl gleich mehrere geben, die ein Fünkchen Wahrheit in sich bergen.

Im Jahr zehn nach der 1. Dahlienschau nämlich wurde auch die „1. Internatio-

Der Falkner, 1955 von einem Schrottplatz in Hamburg zurückgekehrt

nale Gartenbauausstellung in Erfurt" beworben. – Große Dahlienflächen erblühten auch dort.

Blick auf den Festzug vor Erreichen des Marktplatzes

Gefeiert wurde aber weiter in Arnstadt, ob mit oder ohne Dahlienschau in Arnstadt, Erfurt oder anderswo: Wollmarkt, Arbeiterfestspiele, Mai- und Pfingstfeste und später regelmäßige Marktfeste, zum Fasching und bei Betriebs- und Brigadefeiern sowie zum Jahreswechsel 1989/1990. Nichts, so sagen aber viele Arnstädterinnen und Arnstädter, war so wie ihre Dahlienschau. Ja, so ist das mit Erinnerungen.

Beim Stadtjubiläum wurde sogar eine Postkutsche gesichtet, unterwegs zwischen Mühlberg und Arnstadt, hier in der Turnvater-Jahn-Straße

Ein besonderer Höhepunkt war 1954 die 1250-Jahr-Feier der Stadt, bei der wohl fast die gesamte Bevölkerung auf den Beinen gewesen ist, als Mitwirkende und Schaulustige. Beide Lager bekamen tüchtige Unterstützung von auswärts.

START UND ZIEL ARNSTADT

RUND UM DEN SCHÖNBRUNN UND ANDERE RENNEN

Die Liebe zum Radsport hat in Arnstadt eine lange Geschichte und begann nicht erst 1949. Aber um 1949 gab es einen Neubeginn. Die Fahrradsportler, die zunächst bei der BSG Lok in die Pedale traten, fanden später andere Unterstützer. Einige Radsporthöhepunkte in der Stadt gab es dann auch wieder nach dem Krieg.

Anfang August 1950 führte die Etappe einer internationalen Radfernfahrt durch die Stadt. Von den Medien wurden diese Sportler „Giganten der Landstraße" genannt. Bei einer Gesamtstrecke von 1825 Kilometern war das Passieren Arnstadts für die Aktiven nur ein Moment, für die dicht Gedrängten am Straßenrand aber ein Erlebnis. Die Zeitungen vermeldeten, dies sei kein einfaches Sportereignis, vielmehr ein „Bekenntnis unseres Volkes für den Frieden und Einheit". Für uns Kinder war das Vorbeihuschen aufregend und enttäuschend zugleich. Über Tage angekündigt, sausten die Radler viel zu schnell vorbei. Unsere Lehrer hatten ein Trostpflaster: „Ende August finden mit Start und Ziel in unserer Heimatstadt die Landesmeisterschaften im Einer-Straßenfahren statt." Wieder standen wir an der Strecke. Bei manch einem wurde ein Wunsch geweckt, der lange unerfüllt blieb: Ein eigenes Fahrrad.

1956 kam die Bärwinkelstraße als Rennpiste zu Ehren. Das „Großereignis" nannte sich „Rund um die Feuerwehr". Einzelaktivitäten hier und da folgten. Ein Jahr später verlagerte sich das Geschehen auf die „Setze" – das Rennen „Rund um den

Gustav Adolf Schur, liebevoll „Täve" genannt, beim Rundstreckenrennen (Foto R. Schmoock)

71

Schönbrunn" war geboren. Unter den Startenden waren von Anbeginn Große des Radsports. Klug schafften die Organisatoren Verknüpfungen mit anderen Veranstaltungen in Thüringen.

„Wenn wir schon in Gotha und Ilmenau starten", so manche Akteure jener Zeit, „lohnt sich schon die Fahrt von Leipzig nach Arnstadt." Leipzig war damals eines der herausragenden Radsportzentren der DDR. In Arnstadt zündete der Funke so richtig bei dem Rundstreckenrennen „Rund um den Schönbrunn" im Juni 1958, das im Hauptrennen Bernhard Eckstein für sich entschieden hatte, knapp vor dem Arnstädter Idol Roland Henning und „Täve" Schur.
Geburtshelfer für einen neuen Fahrradsport in Arnstadt war kein Geringerer als Gustav Adolf Schur, der sich stellvertretend für die DDR-Friedensfahrtmannschaft bereits im Dezember 1957 in das Gästebuch der Stadt eingetragen hatte.

Der mehrmalige Etappensieger bei der Friedensfahrt, der Tour de France der osteuropäischen Staaten, regte im Anschluss an das vom Kreisverband des DTSB organisierte neuerliche Kriterium „Rund um den Schönbrunn" an, eine Sektion Radsport ins Leben zu rufen. Die BSG Motor Ichtershausen-Rudisleben fühlte sich angesprochen und mit ihr Hans Taubert, zu der Zeit Hauptenergetiker in der Chema. Getragen vom VEB Chemieanlagenbau Erfurt-Rudisleben und dem VEB Nadelwerk Ichtershausen existierten in der Betriebssportgemeinschaft bereits mehrere Sportarten: Fuß- und Handball, Kegeln, Schach, Tischtennis … Nun kam eben noch der Radsport hinzu.

AUF DEM RENNRAD KILOMETERWEIT ZUM START

Viele gehörten zu den Unterstützern der Idee von Gustav Adolf Schur. Erwähnt werden soll Roland Henning, ein Arnstädter und als ebenfalls erfolgreicher Radsportler gefragter Experte an der DHfK in Leipzig. Vor Ort gehörte Heinz Döhring vom DTSB-Kreisverband Arnstadt zu den Wegbegleitern. Erster Vorsitzender der Radsportgruppe wurde Hans Taubert. Um ihn versammelten sich 10 Aktive. Fünf von ihnen starteten noch im Gründungsjahr bereits in der Männerklasse und zwei weitere bei der Jugend A. Zunächst galt es, Erfahrungen zu sammeln und gut zu trainieren. Rennerfahrungen sind im wahrsten Sinn des Wortes „erfahren" worden. Die materielle Absicherung war zunächst reine Privatsache. Es kam durchaus vor, dass ein Sportler z. B. bis zum Wettkampfort im Norden oder im Süden Thüringens auf demselben Rennrad gefahren ist, mit dem er auch an den Start gehen wollte. Nach dem Rennen „drohte" die Rückfahrt.

Beharrlichkeit zahlte sich aus, langsam verbesserten sich nicht nur die Siegchancen. Jonetz Mentzel wurde erster Sektionsleiter, und 1959 nahm mit Waldemar Reese der erste Übungsleiter seine Tätigkeit auf. Selbst Transportmöglichkeiten gab es eines Tages. Zunächst war es die etwas abenteuerliche und den Gliedern nicht besonders wohltuende Fahrt auf der offenen Ladefläche eines LKW. Später kam ein Wagen mit Kastenaufbau zum Einsatz, liebevoll „Brockenhexe" genannt. Schließlich wurde es mit dem Betriebsbus komfortabler und in der Lehrlingswerkstatt der Chema erfolgte unter der Anleitung von Lehrausbilder Waldemar Reese sogar der Bau eines speziellen Fahrrad-Transportanhängers.

Mit unterstützenden Betrieben und Helfern wurde die Transportfrage zunehmend besser gelöst (7 Fotos, Archiv Gerhard u. Helmut Böttner)

Das Team war gewachsen, nahm jährlich an bis zu 15 Wettkämpfen teil. Zunehmend wurden Siege heimgefahren, so beispielsweise 1960, als Helmut Böttner das Kriterium Heiligenstadt des „Bezirks-Fachausschuss Radsport" für sich entschied. Im selben Jahr wurde er neuer Sektionsleiter. Es begann die Zeit, in der die Leistungen der Radsportler immer öfter Anlass für Meldungen über Spitzenplätze lieferten.

Als erfolgreiche Nachwuchsfahrer brachten Marquardt, Hohenstein, Kassau und Grützmüller (v. l. n. r) 1963 den Bezirksmeistertitel der 4er-Jugendmannschaft nach Hause

MIT „FAVORIT" UND „DIAMANT" ZU BESSEREM NACHWUCHS

Waren es zunächst private Fahrräder, so stellten die beiden Trägerbetriebe der BSG Motor auch das Geld für die ersten Rennmaschinen der Marken „Diamant" und „Favorit" zur Verfügung. Das ermöglichte eine immer bessere Nachwuchsarbeit, erste Schüler fanden Aufnahme in den Trainingsbetrieb. Rennsportpraxis, neue Erkenntnisse der Sportpädagogik und -biologie sowie Erfahrungen wurden in Ausbildungsgängen an der Bad Blankenburger Bezirkssportschule zusammengeführt und an die motivierten Neueinsteiger weitergegeben.

Eine der Trainingsgruppen der BSG Motor in der Trainingspause

Im Jahr 1969 wurde die BSG Motor Ichtershausen-Rudisleben eines von 13 Trainingszentren Radsport in Thüringen. In den Glanzjahren waren hier sieben Übungsleiter tätig und der ehrenamtlich tätige Mechaniker Dieter Lattermann, von Beruf Autoschlosser, betreute bei Wettkämpfen und vor allem in der Arnstädter Werkstatt um die 70 sektionseigene Rennräder. Anknüpfend an frühere Arnstädter Radsport-Triumphe, hat mancher, der später auf eine nächsthöhere Ebene wechselte und zu sportlichem Erfolg kam, seine ersten Runden in oder um Arnstadt gedreht.

Wenn Arnstädter bei der Frage: „Weißt du noch?" auf den Radsport zu sprechen kommen, fällt immer wieder der Begriff „Rund um den Schönbrunn".

Wie Schlagworte fällt ihnen weiter ein: Fahrerlager in der „Nationalen Front Schule", Rundkurs Pfortenstraße-Setze-Schönbrunnstraße-Pfortenstraße, Schneezäune zur Absperrung, Zugangsstellen mit Kassen und geringen Eintrittspreisen (die aber von manchen durch waghalsiges Weiße-Durchwaten noch umgangen wurden), durch alte Matratzen und mit Stroh gepolsterte Sturzschwerpunkte an den engen Straßeneinmündungen und Fahrbahnübergängen, Menschen auf Bäumen und Dächern ...

Eine Arnstädterin erzählt:
„Ich bin immer zu meiner Oma. Die wohnte an der Strecke. Erst blickten wir aus dem Stubenfenster in die Pfortenstraße. Dann ging's schnell in die Küche und auf einem Stuhl guckte ich aus dem Dachfenster. Nun sah man Täve und die anderen auf der Setze. Dann schnell wieder zurück an das Stubenfenster ..."

Gerhard Böttner, technischer Leiter der BSG, aber eher einer der Rührigen im Hintergrund, erinnert sich:
„1958 hatten wir 5000 Zuschauer, ohne die bekannten Zaungäste. 1962 ebbte das Interesse ab."
„Das hatte wohl mehrere Ursachen", erinnert sich Bött-

Helmut Böttner auf seiner „Maschine", von 1960–2011 Sektionsvorsitzender

ner. „Die Ära Schur war zu Ende, das Sportsystem änderte sich, die Terminpläne der als Zugpersonen wichtigen Spitzenfahrer wurden dichter, die Anforderungen größer und die Straßenoberfläche in der Pfortenstraße immer schlechter …"

AUCH FÜR SPITZENFAHRER ATTRAKTIV

Aber die Setze war 1962 doch wieder Start- und Zielpunkt für ein neues Radrennen – „Rund um die Alteburg".
Der Kurs war anspruchsvoller. Jetzt ging es nicht mehr nur über ebene Straßen. Lange Geraden wechselten mit kurvenreichen Abschnitten, Steigungs- und Gefällstrecken und nicht ganz von Tücken freien Ortsdurchfahrten. Ein gutes Omen gab es – das Rennen war auch für die DDR-Spitzenfahrer attraktiv. Als Anreiz galt der „Große Chema-Preis". „Rund um die Alteburg" wurde bis 1965 gefahren.
Ein anderes Mal ging es „Rund um die Wachsenburg" mit dem Prolog Arnstadt – Bittstädt. Beim „Großen Chema-Preis" lagen Start und Ziel auch mal direkt am Chema-Kulturhaus in der Lindenallee.

Als Austragungsort hatte Arnstadt längst einen Namen und die Organisatoren galten zusammen mit ihren Partnern als perfekt. Zweimal sind in Arnstadt bei der „Internationalen Radsport-Woche" internationale Mannschaften aufeinandergetroffen, z. B. das Friedensfahrt-Team Algeriens, Aktive aus Polen, der UdSSR, der CSSR, Ungarn, Belgien, Holland, der Schweiz und ein breites Fahrerfeld aus der DDR.
Im Jahr 1966 zeichneten in Stadtilm die Organisatoren aus Arnstadt als Verantwortliche: „Bergmeisterschaften" am wegen seiner Steigung und spitzen Kurve selbst unter Kraftfahrzeugfahrern mit Achtung betrachteten „Hund".

Wettkampfatmosphäre in der Bahnhofstraße, vorn links Podechwa, SC Cottbus und mit Nr. 63 Herzog, SC DHfK Leipzig

Selbst wenn es immer mal wieder nur „Durchfahrten" waren, die Organisatoren der BSG waren dabei: DDR-Rundfahrt, Thüringen-Rundfahrt, Internationale Friedensfahrt. Bei der des Jahres 1968 konnten die Arnstädter Radsportbegeisterten dank Einzelzeitfahren Erfurt – Oberhof sogar jedem Fahrer einzeln zujubeln. – Die BSGler haben in der Vorbereitung und Durchführung dazu beigetragen, dass die Bergwertung bei Oberhof reibungslos bewältigt werden konnte.

RENNEN MIT RÜCKSTRAHLER UND KLINGEL

Dringt man weiter in die Erinnerungen vor, ist zu entdecken, dass es die Fahrradsportler von „Motor" abwechslungsreich liebten. Zu Siegerplätzen reichte es auch bei Querfeldein-Wettbewerben. Übrigens, Federungen wie heute üblich gab es damals an den Fahrrädern nicht, wohl aber einen Rückstrahler und selbst eine Klingel durfte nicht fehlen, verletzungssicher installiert.

Auch bei Cross-Wettkämpfen war Arnstadt Austragungsort, beispielsweise im weiten Areal um die Eremitage und an der Käfernburg.

1970: Bezirks-Crossmeisterschaft in Arnstadt-Angelhausen, an der Spitze Jürgen Siegel von der BSG Motor Sömmerda

Sind bei so viel Erfolgen auch Pannen vorgekommen?
„Aber selbstverständlich", sagte Helmut Böttner, „und das ist dann schon mehr als ärgerlich, wenn man sich im harten Training vorbereitet, sich gut fühlt und glaubt, alles würde bestens laufen. Dann kommt

es plötzlich ganz anders. Mir ist das mal auf dem Sachsenring so ergangen. Gut gestartet, hatte ich plötzlich einen Platten. Ich konnte es nicht fassen, dass mir ein Materialwagen des Sportclub Karl-Marx-Stadt mit einem Ersatzrad half. Trotzdem, die anderen waren auf und davon, ein guter Platz in weiter Ferne."

Auch ein Wettkampf in Tamsbrück 1963 ist unvergessen:
„Ein Unwetter hatte die Straßen schmierig werden lassen, kurzerhand wurde die Schmiere mit Sägespänen abgestumpft. Improvisation war alles und das Rennen ging weiter. Das wäre heute undenkbar."

Zum Ende sei noch verraten, dass sich die Radsportler, wie von ihnen erwartet, auch an guten Taten beteiligt haben. Im Nationalen Aufbauwerk (NAW) wurde beispielsweise tüchtig Hand angelegt, als es darum ging, das Manfred von Brauchitsch-Stadion in Rudisleben auf Vordermann zu bringen: Zaunpfeiler und das Kassenhäuschen entstanden unter ihrer Mitarbeit.
So manche Einzelperson oder radsportliche Arnstädter Aktivität wäre noch zu nennen. Dem Autor sei vergeben, dass er nicht noch mehr erwähnen kann, so ist das eben, wenn Erinnerungen wach werden.

Es gab noch mehr sportliche Aktivitäten in Arnstadt. Unbedingt sei „Hochsprung mit Musik" genannt, Wassersportler machten von sich reden und die Motorsportler liebten es besonders abwechslungsreich: Motorradgeländesport, Teilnahme an Rallyes, K-Wagen-Rennen. Gut und gerne könnte die Aufzählung weitergehen.

Aus der Arnstädter „Wiege" sind schon mehrere erfolgreiche Radsportler herausgefahren, hier Peter Koch, der 1978 auch für die DDR-Friedensfahrtmannschaft nominiert wurde

ES KAM AUCH MAL DICKE

UNTERFÜHRUNG ABGESOFFEN

Die ärgsten Hochwasser der Gera und der eigentlich „wasserlosen" Wilden Weiße gab es nach den strengen Wintern 1945/1946 und 1946/1947. Danach sind immer mal wieder Unwetterereignisse aufgetreten, erreichten aber zum Glück das damalige Ausmaß nicht wieder.

Überflutete Unterführung unter den Eisenbahnstrecken Arnstadt-Meiningen und Arnstadt-Saalfeld, Frühsommer 1961 (Foto Wendl)

Quälten sich die Erwachsenen mit Sorgenfalten, so waren Witterungsereignisse für uns Kinder einfach besondere Erlebnisse. Die Gefahren nicht erkennend konnten wir oft nur mit Mühe zurückgehalten werden, verlockende Wasserlagen zu durchwaten. Ein Beispiel hat regelmäßig die Unterführung an der Ichtershäuser / Ecke Bahnhofstraße geboten. Wenn ein Gewitter kräftig kam, fehlte nie die Voraussage: „Jetzt säuft die Unterführung wieder ab." Die ständige Wiederkehr hat letztlich den Betreiber eines Zigarettenkiosks vertrieben.

Im April 1961 vermochten die Regenmassen sogar, den Rittersteinfelsen zu lockern. Die Fernverkehrsstraße in Richtung Ilmenau war davon betroffen. Und der Regen unterschiedlicher Stärke hielt über Wochen an. Später drohten gelockerte Teile des Felsens herabzustürzen. Fachleute sprachen in diesem Zusammenhang von 8000 Tonnen Gesteinsmassen. Die wichtige Straße südlich aus der Stadt heraus musste dann gesperrt werden.

Mit der Nähe zum Thüringer Wald befindet sich Arnstadt seit jeher unmittelbar im Bereich sogenannter „Hochwasser-Entstehungsgebiete". Der Stadt bleibt wenig Vorwarnzeit. Recht schnell saust die erste Welle durch die Gera und verlässt gerne das Flussbett.

Fachleute sprengten Gestein ab und sicherten den verbleibenden Fels mit Netzen und Ankern

Ganz krass war es im März 1947, als nach Aussagen von Zeitzeugen die lehmigen Fluten über den Lohmühlenweg bis zum Riedplatz vorgedrungen waren. In Richtung Erfurt davoneilend, hatte die Flut vielerorts große Schäden verursacht.

Versorgung der Bewohner des überfluteten Lohmühlenwegs

Von Jahr zu Jahr wiederholte sich dies bis 1990, wenn auch nicht in so einem Ausmaß.

WAS FÜR EIN LAND?

In aller Regel machen politische Entwicklungen um kleinere Städte eher einen Bogen, kommen etwas später an. „Und in Arnstadt besonders", meinen manche.
Wie war das aber 1989 und bei all den Ereignissen zuvor?

Anträge auf Ausreise wurden gestellt, Touristen fuhren nach Ungarn und „vergaßen" die Rückkehr, die Nächsten überkletterten den Zaun zur Botschaft in Prag. Viele, viele aber sind geblieben – auch in Arnstadt. Bei unterschiedlichsten Standpunkten merkten aber alle eines: Es liegt etwas in der Luft. Manche wurden dabei nervös, andere suchten nach Auswegen, alleine, zunehmend sich mit anderen austauschend, vorsichtig und Vertrauen wagend.

SONNABEND, 30. SEPTEMBER, 14 UHR, HOLZMARKT

Ende September, in den meisten anderen Städten vergleichbarer Größe herrschte noch tiefe Ruhe, sorgte in Arnstadt ein Flugblatt für Aufregung. Irgendjemand wagte öffentlich die Frage zu stellen: „Was für ein Land?" Zettel mit dieser Frage waren fast so schnell wieder weg wie sie geklebt wurden. Dann tauchten an anderer Stelle wieder welche auf, sind gar von Hand zu Hand gereicht worden, verschwanden in Taschen. Von nun an ging der Text von Mund zu Mund. Die Zeilen des gesuchten Autors endeten mit einer Verabredung: Sonnabend, 30. September, 14 Uhr, Holzmarkt. Bei den meisten blieb nur dieser Termin hängen. Allen anderen Worten erging es wie so mancher geflüsterten Information – sie blieb ungenau. Fast erinnerte es an „Stille Post", ein beliebtes Spiel aus der Kindheit.

Schnell war jener von Gerüchten umwitterte 30. September da. Zögerlich machten sich Arnstädterinnen und Arnstädter auf den Weg, einzeln, gemeinsam. Je näher man dem Holzmarkt kam, umso mehr Menschen – aus Haustüren und Gassen tretend, etwas unschlüssig die Straßen daherkommend. Bekannte tauschten wenige Worte.

„Willst du auch zum Holzmarkt?"

„Ja." – Ruhe, dann noch ein paar Belanglosigkeiten, am Rande ein Hinweis auf Befürchtungen …

Der ersten Zusammenkunft folgten bald regelmäßige Demonstrationen, hier vor dem Rathaus am 28. Oktober

Dann standen sie zusammen, stumm. Fast alle taten, als seien sie per Zufall da. Unter ihnen und hinter den Fenstern umliegender Gebäude waren die, die mit Auftrag ein waches Auge hatten und Fotos knipsten. Stummes Warten, auch der Verfasser des Flugblatts gab sich nicht zu erkennen. Es waren wohl zwischen zwei- und dreihundert Menschen unterschiedlichsten Alters.

„Da muss doch einer mal noch etwas sagen, oder soll es das gewesen sein?", meinte ein Mann. – Stille!

NÄCHSTEN SONNABEND, GLEICHE ZEIT, GLEICHE STELLE

Auch Dr. Arnd Effenberger, bei manchen als der vermutete Mann des Neuen Forums in Arnstadt genannt, sagte nichts, beobachtete nur zusammen mit ein paar nahe Stehenden, zu der Zeit bereits ebenfalls Engagierten die etwas gespenstische Szene. – Gegenseitiges Belauern. Später sagte er, er sei beeindruckt gewesen und habe in diesem Moment beschlossen, der Ansprechpartner des Neuen Forums der Stadt zu werden. Erst als unter den Umherstehenden die Botschaft geflüstert wird: Nächsten Sonnabend, gleiche Zeit, gleiche Stelle, gingen die Versammelten stumm auseinander, begleitet von dem Stolz, Angst überwunden zu haben. Dass der nächste Sonnabend der 7. Oktober, der 40. Jahrestag der Gründung der DDR sein würde, daran hatte in diesem Augenblick wohl niemand gedacht.

GEWALT KAM VON DER VP-BEREITSCHAFT

Vor und während der nächsten Demonstration kam es zu einer Reihe Provokationen. Offizielle Stellen suchten nach einer Rechtfertigung dafür, ein abschreckendes Beispiel zu schaffen. Das Neue Forum hatte einiges an Überzeugung aufzubieten, um einen friedfertigen Ablauf der Willensbekundung zu gewährleisten. Trotz der Forderungen und trotz erster Transparente, die den Machthabern sicher nicht angenehm waren. Von den Teilnehmern der Demonstration sollte keinerlei Gewalt ausgehen. Trotzdem, es machte sich ein ungutes Gefühl breit, es gab erste Auflösungserscheinungen des Zuges. In dieses Geschehen kam plötzlich der Einsatz der VP-Bereitschaft Erfurt mit einem bislang für Arnstadt unbekannten Auftritt: Nahkampfausrüstung, Helme mit Visier, Schilde, Knüppel, uniformierte Sperrketten, Hunde ohne Beißkorb, LKWs, Bereitschaftsfahrzeuge. Menschen, längst schon nicht mehr in einem geordneten Demonstrationszug, wurden getrieben, geschlagen, verhaftet, bedroht. Selbst Passanten, die nur noch eines wollten – nach Hause – wurden bedrängt. Vereinzelt gab es aber auch die Chance, einzelnen Polizisten in die Augen zu blicken, eine Botschaft zu überbringen – keine Gewalt!

Einige Zeit später geschah, was es in Arnstadt wohl noch nie gegeben hatte – eine Kirche wurde von einer Polizeikette umstellt. Befehlende Dienstgrade waren sich sicher, das Bauwerk sei voller Staatsfeinde. Nach einem Telefonmarathon hat schließlich ein vom Landesbischof autorisierter kirchlicher Mitarbeiter die große Eingangstür aufgeschlossen. Der Blick des Polizeioffiziers in das Kircheninnere bestätigte – leer.

Am 12. November läuft Arnstadts Bürgermeister Bernd Markert (3. v. l.) zusammen mit Dr. Arnd Effenberger (2. v. l.) an der Spitze der Arnstädter Sonnabend-Demo

STATT KAFFEETRINKEN ZUR DEMO

Nach dem 28. Oktober kam ein Dialog in Gang. Immer mehr verzichteten am Sonnabendnachmittag auf ihren Kaffee und gingen auf die Straße, egal wie das Wetter sich auch zeigte. Mit der Zahl der Teilnehmer waren die Forderungen gewachsen und eines Tages gab es eine Geste, die noch zu Beginn des Monats Oktober undenkbar gewesen wäre. – Aus der Demonstration lösten sich Frauen, gingen mit Blumensträußchen auf die wenigen Volkspolizisten zu, die sich darauf beschränkten, an Kreuzungen und Straßeneinmündungen den Verkehr zu regeln.

Eine deutliche und seitdem nie groß erwähnte Wirkung hatte der 9. November, die allwöchentliche Willensbekundung verlor deutlich Teilnehmer. Die Grenzen waren offen.

Demonstration zum nahe gelegenen Truppenübungsplatz Ohrdruf

Ab Anfang November hätten die Tage für einige Arnstädterinnen und Arnstädter gut ein paar Stunden mehr haben können: Berufstätig sein, an abendlichen Arbeitsgruppen teilnehmen, Veranstaltungen mit vorbereiten. Besonders Engagierte hatten abendliche Runden auszuwerten und neue zu initiieren, an weiteren Gesprächen teilzunehmen, Forderungen an den richtigen Stellen zu benennen sowie auf deren Umsetzung zu achten und selbstverständlich war, dass andere Alltagspflichten nicht zu kurz kamen.

Im Arnstadt des Herbstes 1989 gab es den Runden Tisch und drei Arbeitsgruppen. Unter einer kollektiven Leitung (Dr. Arnd Effenberger, Albrecht Pein, K. H. Schmidt und J. P. Ungethüm) tagte die Arbeitsgruppe Gesellschaftskonzeption, ökonomische Entwicklung, Stadtentwicklung. Bei der Arbeitsgruppe Recht entschieden sich die Teilnehmer für Rechtsanwalt Gerhard Pein und die Arbeitsgruppe Ökologie betraute Jürgen Ludwig von der Interessengemeinschaft Stadtökologie Arnstadt. Hier wurde alles benannt, was schon lange auf den Nägeln brannte. Dazu gehörten Handlungsweisen auf der Mülldeponie des Landkreises, Luftbelastungen, Verbesserungen bei der innerstädtischen Mobilität, Einbeziehung ehrenamtlicher Kräfte in Umweltkontrollaufgaben, Belästigungen, die von dem nahe gelegenen Truppenübungsplatz Ohrdruf ausgingen.

Bereits am 12. Juli 1989 unterzeichneten der OB von Kassel, Hans Eichel und Arnstadts Bürgermeister Bernd Markert (r.) eine Städtepartnerschaft zwischen beiden Städten

Weihnachten 1988 undenkbar, 1989 Realität – Einwohner von Kassel und Arnstadt feiern gemeinsam

*An Stelle der im Zweiten Weltkrieg eingeschmolzenen Glocke konnte diese –
hier bei der Anlieferung im Januar 1959 – zum Jahreswechsel 1989/1990
mit zwei weiteren neu installierten Glocken der Liebfrauenkirche die Botschaft vom Frieden verkünden*

Aus unserer Reihe **„Weißt du noch?"** – Geschichten und Anekdoten aus ehemaligen DDR-Städten, können Sie folgende Titel bestellen:

Arnstadt
Cottbus
Dessau
Erfurt Band 1 und Band 2
Gera
Halle (Fliederduft in der Fettbemme)
Magdeburg Band 1 und Band 2
Merseburg
Mühlhausen Band 1 und Band 2
Schwedt
Zeitz Band 1 und Band 2
Zwickau

Eine neue Reihe (**Wendezeit – Geschichten und Anekdoten**) über ehemalige DDR-Städte erscheint 2015:

Dresden
Gera
Halle
Magdeburg
Mühlhausen

Jedes Jahr kommen weitere Titel hinzu!

E-Mail: info@herkules-verlag.de

Sylvia Pommert · Uwe Schieferdecker · Kurt Wünsch
Wir lebten in der DDR

Pioniertuch, Pittiplatsch und Plastikbomber
Baden in der Zinkwanne
Muckefuck zum Frühstück
„Pfuschen" nach Feierabend

Von langen Haaren, kurzen Röcken
Unten Jeans, oben FDJ-Bluse

„Bückware" und Beatmusik
Letscho, Grilleta, Broiler ...

Geschichten und Episoden
228 Seiten, S/W-Fotos, gebunden
ISBN: 978-3-941499-98-0

Herkules Verlag • Richard-Strauß-Straße 33 • 34128 Kassel •
(0561) 9 37 17 38 • www.herkules-verlag.de